市场是一只看不见的手

财商教育编写中心 编

四川人民出版社

readers-club

北京读书人文化艺术有限公司
www.readers.com.cn
出 品

前　言

　　财商是"财富智商"（Financial Quotient，简写为FQ）的简称，简单一点说是一个人与金钱打交道的能力，是一个人处理个人经济生活的能力；复杂一点说是一个人认识财富（资源）、管理财富（资源）、创造财富（资源）和分享财富（资源）的能力。这种能力主要体现在一个人的习惯(Behavior）、动机（Motivation）、方法（Ways）三个方面。

　　财商与智商、情商并列为现代人不可或缺的三大素质，与我们的日常生活息息相关。当每个人都无法逃避地要进行经济活动时，了解财商智慧、提高财商能力就是完善自我、增强幸福感的重要途径。

　　为什么这么说呢？因为财商教育的根本目的是把人们培养成为理性、智慧的"经济人"，简单地说就是实现个人的财富自由。通往"财富自由"的道路分为三个阶段。第一阶段：不论你有多少财富，你都处在不断挣钱、不断消费的境况中，这个时候你只是财富的奴隶；第二阶段：即使你只有10元钱，但这10元钱在为你工作，而不是你在为它工作，这时你是财富的主人；第三阶段：你和财富间形成了伙伴关系，能够在平等对话的基础上，互相帮助、共同成长，这就是"财富自由"。"财富自由"是一个人实现高品质的社会生活的重要保障，也是实现圆满、和谐、幸福的精神生活的坚实基础。

　　"金钥匙"财商教育系列正是基于这一理念而精心编撰的财商启蒙和学习读本，由"富爸爸"品牌策划人、出品人汤小明先生组织财商教育编写中心倾力打造。书中以充满智慧的富爸爸、爱思考的阿宝、爱美的美妞、调皮好动的皮喽等卡通形象为主人

公，结合国内外财商教育的丰富经验，将知识性、趣味性、实践性融为一体，让孩子们在一册书中能够在观念、知识、实践三个层面得到锻炼。

"金钥匙"财商教育系列分为"儿童财商系列"和"青少年财商系列"，分别适应7~10岁的少年儿童和11~14岁的青少年学习，"儿童财商系列"通过丰富的实践活动以及生动有趣的游戏、儿歌、故事版块，侧重培养小朋友的财商意识、良好的理财习惯以及正确的财富观念。"青少年财商系列"在此基础上，旨在培养青少年较为深入地认识一些经济规律，熟悉市场运作的基本原理，逐步把财商智慧应用到创新、创业的生活理念之中。

作为国内财商教育的先驱者和尝试者，本系列丛书在编写过程中得到众多德高望重的教育学、经济学等领域专家的指导和帮助，在此向他们致以诚挚的谢意。希望本系列丛书顺利出版后能够为中国少年儿童和青少年的财商启蒙和教育增添一份力量。

财商教育编写中心
2015年11月

主 要 人 物 介 绍

美妞
性别：女
性格：活泼、爱臭美、
　　　爱出风头
喜爱的食物：骨头、肉
喜欢的颜色：粉色

咕一郎
性别：男
性格：内向、聪明
　　　好学
喜爱的食物：谷子
喜欢的颜色：绿色

皮喽
性别：男
性格：活泼、反应
　　　快、粗心
喜爱的食物：桃子、
　　　　　　香蕉
喜欢的颜色：黄色

阿宝
性别：男
性格：稳重、爱思考
喜爱的食物：竹子、苹
　　　　　　果、梨
喜欢的颜色：蓝色

富爸爸
性别：男
会出现在各种不同
场合，教给小朋友
们不同的财商知
识。

Contents

目 录

一、商 品

毛毛游北京

　　毛毛是一名布依族的四年级小学生。他的家乡在云贵高原上的一座小县城里，那里四面环山、云雾缭绕，山上种满了茶树，清凉的剑江从城中间缓缓流过。这座小城美丽而安宁，毛毛在这里生活得很幸福。但是他也非常渴望能走出大山，去看看大山之外不一样的世界：一马平川的平原、一眼望不到边的大海、阳光灿烂耀眼的戈壁沙漠……毛毛想去的地方太多了。不过，他最最想去的还是首都北京。因为北京有天安门、故宫、颐和园、长城，有鸟巢、水立方，还有爸爸妈妈常念叨的北京大学、清华大学……

　　在2014年的暑假，毛毛的梦想终于实现了——他和爷爷一起来到了在北京工作的姑姑家里。第二天一大早，毛毛就拉着爷爷去了天安门广场、故宫，下午又去了位于西直门的北京动物园，第一次看到了大熊猫、老虎、狮子和黑熊。

　　晚上，在肯德基餐厅里吃饭时，姑姑和毛毛聊起天来。姑姑是经济学教授，常常会问一些大人们才关注的经济学方面的问题，不过这些问题可难不住毛毛。

"毛毛，今天玩得高兴吗？"

"高兴呀，真是高兴极了！我们去了天安门，去动物园看了大熊猫、狮子，还有华南虎，它原来就生活在我家那边。只是，爷爷不给我买那个会发光的溜溜球。"毛毛对爷爷的意见可不止这些，爷爷年轻的时候捕杀过华南虎，毛毛一直怀疑是爷爷导致了野生华南虎的灭绝。

"那我来考考你，在日常生活中，有些东西是商品，有些不是。凡是用于买卖的东西就是商品。那么，你今天见到的东西中，哪些属于商品，哪些不属于商品呢？"姑姑笑着问道。

"溜溜球、汉堡包、薯条、烤鸡翅是商品；天安门、故宫、熊猫、狮子、老虎不是商品。"毛毛根据姑姑给的商品定义，作出了回答。

"你的回答很正确。天安门和故宫是文化遗产，不能用于买卖；熊猫、狮子、老虎都是受保护的动物，也不能用于买卖，所以它们都不是商品。那么，不是商品的东西是不是就没有价值了呢？"

"不能买卖，就不知道它们值多少钱，但它们好像又不是不值钱……对了，天安门、熊猫、老虎它们是无价之宝！"毛毛有点兴奋地回答道，并用力地吸了一大口可乐。

姑姑对毛毛的回答非常满意，但看到毛毛得意的样子，忍不住又想考考他："再问你一个问题，你现在喝的是可口可乐还是百事可乐？"

毛毛光顾着喝了，还真没留意自己喝的是哪种可乐，毛毛平时很喜欢喝可口可乐，所以这个问题也难不倒他。毛毛像品茶一样，先用鼻子闻了闻，又喝了一小口，然后非常肯定地说："这不是可口可乐。"

姑姑很佩服毛毛能品出两种可乐味道上细微的差异，满意地说："回答正确！事实上，你在肯德基是买不到可口可乐的。"

毛毛正为自己又一次回答正确而感到得意，但姑姑的话却让他有些不解：为什么在这里喝不到可口可乐呢？

毛毛还没问，姑姑就接着说起了这背后的原因，原来肯德基是在1939年由美国人哈兰德·桑德斯上校在他62岁时创立的，至今有70多年的历史。目前在世界各地都有肯德基的分店，其中在中国有超过4000家的餐厅。肯德基于1983年被百事公司收购，餐厅开始固定销售百事公司提供的碳酸饮料。

在肯德基餐厅的一个多小时里，毛毛不仅享用了美味的食品，还学到了不少经济学方面的知识。

在离开的时候，毛毛对墙上那位白胡子老爷爷充满了敬意，并决心将来也开办很多的中式快餐连锁店，让世界各国的小朋友们都能吃上最最好吃的贵州牛肉粉、酸汤鱼、黄糕粑，品尝到珍贵的高山云雾茶——都匀毛尖。

在毛毛的故事中，我们都能找出哪些商品呢？

富爸爸告诉你

1. 商品的定义：商品是用于交换的产品和服务。

2. 商品的属性：流通性和定价功能。

3. 商品的分类：

（1）大类：体现商品生产和流通领域的行业分工，如五金类、化工类、食品类、水产类等。

（2）中类（商品品类）：体现具有若干共同性质或特征商品

的总称，如食品类商品又可分为蔬菜和水果、肉类和肉制品、乳类和乳制品、蛋类和蛋制品等。

（3）小类（商品品种）：对中类商品的进一步划分，体现具体的商品名称。如酒类商品分为白酒、啤酒、葡萄酒、果酒等。

（4）商品细目：对商品品种的详尽区分，包括商品的规格、花色、等级等，更具体地体现商品的特征，如60°交杯牌五粮液。

4. 商品和经济生活的关系：我们的生活需要源源不断地商品支撑，商品能够满足我们的需要，反之，商品也会诱惑我们不断地去消费。

FQ动动脑

选一选

下列哪些物品属于商品？请在括号里打"√"。

待售的小猫（　　）　　市场里卖的菠菜（　　）

橱窗里的衣服（　　）　　农民伯伯自己种的白菜（　　）

水果店的橘子（　　）　　小红家宠物狗生的小狗（　　）

音乐会门票（　　）　　故宫（　　）

想一想

不是商品的物品有没有价值？为什么？

_____

_____

_____

_____

_____

写一写

日常生活中你经常会接触到哪些商品？请试着给这些商品分一分类，并写下来。

_____

_____

_____

_____

_____

_____

_____

和爸爸妈妈一起讨论：商品和市场经济对生活产生哪些影响？

_____

_____

_____

_____

_____

_____

_____

_____

_____

_____

_____

_____

二、服 务

国庆三日游

　　蓝小贝住在河北唐山，是一名小学三年级的学生，他的学习成绩在班里一直名列前茅。

　　在小贝准备期末复习时，爸爸对小贝说："小贝，如果你在这个学期期末考试中能够继续拿到第一名，国庆节的时候爸爸妈妈就带你去北京玩几天，怎么样？"听到这个好消息，小贝马上点头答应了。

　　为了能够在国庆节的时候去北京玩儿，小贝每天都很努力地复习，希望在期末考试中能再次取得全班第一名的好成绩。

　　时间过得真快，马上就要到期末考试了，小贝有点担心，但是他一想到这段时间里自己已经认真地复习了全部的课程，就又充满了信心。

　　期末考试那天，小贝认认真真地答完了考卷。几天后，成绩出来了，小贝再次取得了班级第一名的好成绩。他把这个消息告诉了爸爸妈妈，全家人都很高兴，爸爸决定履行自己的承诺，全家人在十一假期时一起去北京游玩三天。

到达北京的第一天，一家人先在预定的宾馆入住，然后在海淀黄庄的一家饭店吃午饭。饭后，小贝的爸爸说："今天时间也不早了，我们先回宾馆休息一下，然后一起去看场电影，明天游览再观赏景点。"一听到看电影，小贝乐坏了，马上答应了。

晚上，小贝一家人来到海淀剧院看电影，就在大家还不确定看什么电影的时候，小贝忽然很激动地对爸爸妈妈说："有《狮子王》，我们看《狮子王》吧！"看到小贝这么兴奋，爸爸欣然同意，并马上买了三张电影票，但是距离电影放映时间还有1个小时呢，这样等着也无聊，于是一家人决定去外面转转。

小贝一家人在路上转悠的时候，正巧经过一个擦鞋的小摊，小贝对爸爸妈妈说："我的鞋子脏了，我想让这位阿姨擦一下。"爸爸妈妈同意了。擦完鞋后，大家又小转了一会儿后就回到了剧院。

电影开始放映了，小贝的内心非常激动，看到辛巴出现，小贝差点乐得跳起来，因为小贝一直都很喜欢辛巴，所以他才抑制不住自己内心的激动，在观看电影的整个过程中小贝的热情一直都没有消退。

小贝看完《狮子王》后还意犹未尽，接着小贝的爸爸提议明天去动物园看动物，小贝听到这个计划后很高兴。

　　第二天早晨，小贝一家人吃完早餐后就直奔动物园，参观动物园的人特别多，小贝的爸爸排了好一阵时间的队才买到三张票。在动物园，小贝不管是见到大动物还是小动物，都很开心地驻足观赏一番，小贝玩得是不亦乐乎。

　　玩了一整天，晚上回到宾馆后，小贝已经筋疲力尽啦，倒头就睡，等睁开眼睛已经是次日的早晨了。看到小贝玩得这么高兴，小贝的爸爸妈妈就把第三天的行程交给小贝安排，让这个小不点也做回主。小贝自然是很高兴了，仰着头思考了一会，一拍脑门说道："有了，今天我们去爬长城吧，人们不是常说'不到长城非好汉'吗，我今天也要当男子汉。"话音刚落，小贝的爸爸妈妈就乐了，两人一致同意这个计划。

　　上午11点钟的时候，小贝一家已经到了长城入口处，看到买票的长队，小贝一家人都惊呆了，这么多人啊，比动物园的人多多了，真的可以用人山人海来形容。人虽然多，但是长城还是得爬，这次排队买票的任务依旧落在了小贝爸爸的肩上。

　　小贝的爸爸买完票后，一家人就开始了登长城的旅途。在登长城的过程中非常拥挤，后面的人推着前面的人前进，根本没有停留的机会。虽然很挤，但是小贝还是表现出一副很男子汉的样子，跟着人海不断前进。

下午的时候小贝一家人已经登完长城，此时的小贝已经十分疲惫，上车后就睡着了。

北京三日游虽然时间很短，但是小贝却玩得很开心，因为这三天来小贝所做的事都是自己很喜欢的事情，彻底放松了心情。

你在读这篇文章时，能从小贝的经历中找到哪些商品？

富爸爸告诉你

1. 服务的定义：服务是指为他人做事，并使他人从中受益的一种有偿或无偿的活动。不以实物形式而以提供劳动的形式满足他人某种特殊需要。

2. 常见的服务：教育培训、产品售后服务、网站服务、信息服务、语言服务（翻译）、金融服务（基金、保险）、导游服务、社会公共服务、政府服务，等等。

3. 服务和经济的关系：各种服务促进经济的发展；反之，经济的发展为更多的服务提供了市场。

FQ动动脑

选一选

下列哪些服务属于商品？请在括号里打"√"

搬家公司的搬家服务　（　）给妈妈捶背　（　）

理发师帮人理发　（　）帮妈妈大扫除　（　）

美容师帮人美容　（　）阿宝帮美妞的妈妈搬东西（　）

想一想

所有的服务都是商品吗？为什么？

写一写

将你知道的属于商品的服务写下来，并对它们进行分类。

_____

_____

_____

FQ笔记

和爸爸妈妈一起讨论：服务与我们的日常生活有什么关系？

_____

_____

_____

_____

_____

_____

三、价 格

愉快的周末

　　星期六下午，爸爸告诉美妞周日准备带她和小表妹美美一起去郊游。听到这个好消息，美妞和美美都高兴得欢呼起来。傍晚时，大家来超市采购郊游时要带的食物。第二天一早，大家就驱车前往郊游的地点。

　　一下车，美妞和美美看到路边有很多卖水果的小贩，美妞这才想到她们昨天忘记买水果了。为了锻炼孩子们的独立能力，美妞的爸爸妈妈决定让小姐妹俩自己去买喜欢的水果。美妞拿着爸爸给的钱，拉着美美来到了一个小贩的水果摊前，美妞学着妈妈平常在菜市场买菜的样子开始询价："阿姨，这苹果怎么卖啊？""10块钱1斤。"卖水果的阿姨笑着说。美妞心想：10块钱一斤，怎么这么贵？妈妈平时在菜市场买的都是10块钱3斤呢。一样的苹果怎么到了这里就变成10块钱1斤了，价格还能随便变吗？不管了，先砍砍价再说吧。

14

想到这儿，美妞开口说道："阿姨，这苹果能便宜点儿吗？"卖苹果的阿姨想了想，反问道："小姑娘，你要买多少呀？"美妞说："我要买4个。"阿姨一听，摇了摇头说："4个太少了，没法儿给你便宜。"美妞可没打算就这样放弃，经过她的一番甜言蜜语，卖水果的阿姨终于按8块钱1斤的价格卖给美妞4个大苹果。

美妞和美美拎着"胜利"果实找爸爸妈妈去了。美妞边走边想起了先前的问题："为什么超市的苹果卖5.99元1斤，菜市场的卖10块钱3斤，到了这儿就要卖到8块钱1斤了呢？而且超市里是不能讨价还价的，菜市场和这儿还能讨价还价。这样一来，价格就没有一个标准了，难道价格是谁想定多少就定多少的吗？"美妞决定回去以后一定要向爸爸问个究竟。

1. 价格是谁想定多少就定多少的吗？
2. 价格究竟是怎么确定的？

价格一般既不是由政府决定，也不是由卖家和买家单方面决定，而是由供给和需求双方（买卖双方）共同决定。

比如，在市场上，有许多人在出售某种商品，比如苹果；也有许多人在购买苹果。卖苹果的人通常想将价格定高一点（卖贵一点），而买苹果的人则希望少花一些钱（买便宜一点）。当卖方将价格定得偏高时，买的人就会减少；当卖方将价格定得过低时，买的人就会过多，伴随而来的是商品供应减少了，从而推动价格上升。最后，价格会稳定在一个买卖双方都普遍认可的水平。这个暂时稳定下来的价格在经济学上叫"均衡价格"。我们平时看到的商品标价就是"均衡价格"。比如，"农夫山泉"在小商店里的"均衡价格"为1.5元/瓶。

说一说

1. 为什么要给商品定价?

_____

_____

2. 价格有什么用?

_____

_____

FQ超链接

牛肉为什么比猪肉贵

　　皮喽的妈妈从超市回来后，就一直在抱怨："哎，现在的通货膨胀越来越离谱，肉都涨到钱20

元1斤了……"

皮喽安慰妈妈说："猪肉这么贵啊？！没关系，我们生活课老师说了，牛肉比猪肉好，更有营养，既然猪肉这么贵，以后我们就改吃牛肉好了，我最喜欢吃酱牛肉啦！"

妈妈一脸吃惊地说道："啊？你还真是两耳不闻窗外事啊！现在最好的里脊肉是20元1斤，牛腩打折了还36元1斤呢！"

"差价那么大啊！这样的话，我们应该告诉住在老家的叔叔多养几头牛，少养些猪。牛可以挤牛奶，长大了还可以送到市场上卖掉，而且它们又只吃青草，这样算下来可以多挣不少钱呢！对了，我放假的时候还可以帮叔叔放牛去，多好啊！您说是不是？"

话虽这样说，但皮喽还是不明白，为什么都是肉，价格却有这么大的差别！

满心疑惑的皮喽找到富爸爸，富爸爸听完他的话，笑着说："如果你想知道为什么牛肉与猪肉的价格会有这么大的不同，就必须先知道市场上决定商品价格的因素。"

"我们将购买东西的欲望称为'需求'，而把将东西放在市场上的出售行为称为'供给'。需求者都希望用最便宜的价格买到东西，而供给者则希望卖得越贵越好，两者的立场刚好是相反的。但是，商品的价格并不是需求者与供给者可以单方面决定的，而必须由需求和供给双方来共同决定。牛肉和猪肉价格的涨与跌也是如此。

"对于供给者来说，母牛一次只能生下一头小牛，但是母猪一次有可能生下十头小猪。所以一般来说猪比牛的数量要多得多。还有，牛的怀孕期是280天左右，比猪的怀孕期（约110天）长得多，并且小牛长成大牛的时间也比小猪长成大猪花的时间更长。所以，总体来说养牛的成本比养猪的成本高，由此造成市场上的牛肉的供给较少，所以牛肉的价格自然比猪肉的价格要高。

"但对于需求方来说，牛肉比猪肉的营养更丰富，所以牛肉贵一点也自然会有人买。"

听到这儿，皮喽恍然大悟，他拍了拍脑门儿高兴地说：原来是这样，我明白了。那我可不能再给叔叔提多养牛、少养猪的建议了！"

根据某种商品的供需状态，跟踪调查它的价格变化情况，并绘制出价格变动的曲线图。

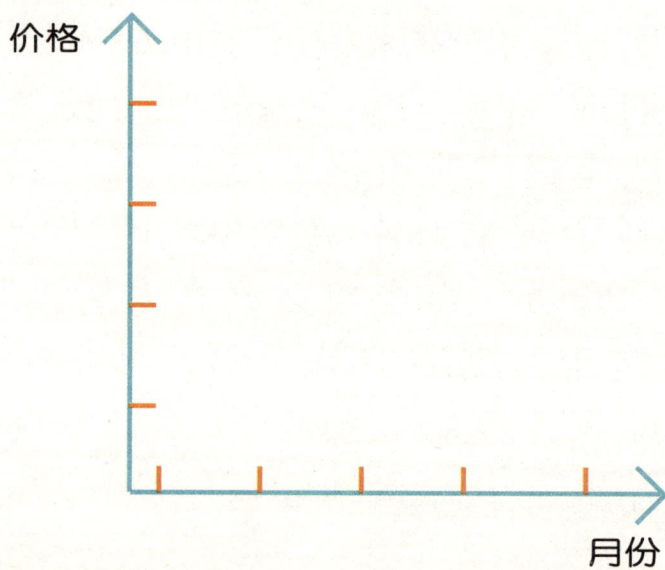

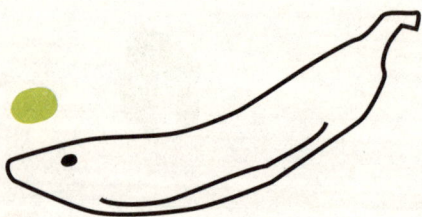

价格

月份

四、价格与成本之间的关系

毛毛三亚"创富"记

暑假的北京之行结束后，毛毛和爷爷一起返回了贵州老家。

这次北京之行，毛毛的收获太大了。不仅因为他去了天安门、故宫、颐和园、圆明园、长城，吃到了各种好吃的东西，还在这次旅行中确定了自己未来的目标：要像创建肯德基的桑德斯上校一样建立很多很多中式快餐的连锁店，让世界各地的人们吃上美味的牛肉粉、酸汤鱼、黄糕粑等。为此，他将著名的北京大学定为自己未来的"母校"，还郑重其事地去了一趟"母校"，在未名湖畔、百周年纪念讲堂前拍照留念。

新的学年里，毛毛有了明确的学习目标，学习起来别提有多认真了，学习成绩也突飞猛进。期末考试，毛毛毫无悬念地拿了全班第一。于是，姑姑兑现诺言，在春节时带毛毛一起去海南的三亚旅游，让毛毛实现亲吻大海的愿望。

尽管是大年初一，三亚的天气却像夏天一般炎热。晴朗的天空下，远处的大海湛蓝湛蓝的，近处的海水清澈见底。穿着泳衣的人们在大海里欢快地划水、戏浪。

　　毛毛不会游泳，只好坐在沙滩上看风景。烈日当空，不一会儿，毛毛就出了一身汗，还觉得非常渴。毛毛想，要是这里有人卖矿泉水该多好啊！可是，四周连一个卖水的小摊都没有。

　　毛毛忽然想起下车的地方好像有一个小商店，就赶紧朝几百米外的停车场走去，手里紧紧攥着姑父给的20元零花钱。商店里果然有矿泉水卖，而且有好几个品牌可供选择。毛毛很自然地选了自己常喝的那个品牌的矿泉水，售价为每瓶2元。当店老板问他买几瓶时，毛毛犹豫了片刻，然后肯定地说："我要10瓶。"

　　毛毛喝完一瓶后，拎起剩下的9瓶矿泉水去棕榈树下找姑姑。

　　看到毛毛很吃力地拎来这么多矿泉水，姑姑觉得有点奇怪："我们一直在树荫下吹海风，一点儿都不渴。你先把水放下，走的时候让你姑父拎到车上去吧。"

　　毛毛赶紧说："不用不用，我特意多买了几瓶，就是想拿来卖的。"

　　"卖？！"姑姑一脸惊诧，一时间没想明白毛毛为什么这样说。毛毛正想给姑姑解释，就听到旁边传来一个声音："你这冰矿泉水是卖的吗？多少钱一瓶？"毛毛转头看去，原来是刚才就坐在树荫下的一个叔叔，看他满头大汗的样子，一定也是渴极了。看毛毛不回答，他忙说："给你5元钱，卖给我一瓶行吗？"

毛毛本想卖3元一瓶就行了，每瓶赚1元，卖掉6瓶的话，能赚6元，就可以给住在隔壁的双胞胎丁丁和红红每人买3支铅笔——这兄妹俩的爸爸妈妈在广州打工，奶奶经常忘记给他们买铅笔和橡皮。

可是现在……毛毛一时之间不知道如何是好了。他还没表态，一张5元钱就已经被那个叔叔塞到手里。其他人见状也纷纷掏钱买水。

原来大家都能接受这个价格呀。毛毛松了一口气，赶紧拿出矿泉水，高兴地说："行，5元一瓶！"

几分钟之内，9瓶矿泉水被抢购一空，连给表弟的那一瓶也被买走了。

看着手里的45元钱，又看了看表弟被晒得发红的脸和额头上的汗珠，毛毛决定再去一趟小商店。

这一次，毛毛买了22瓶矿泉水，并要求店老板将水送到海滩边上的棕榈树下。

这次毛毛卖的价格仍然是5元一瓶，但为了早点卖完，他推出了优惠措施：买两瓶送一瓶，也就是说10元可以买三瓶。不到半个小时，除了表弟喝了一瓶，剩下21瓶也全都卖出去了。

在接下来的一个多小时里，毛毛又到商店去了两次，每次都进货40瓶。与之前两次不同的是，店老板同意按每瓶1.5元的价格把水卖给毛毛，并负责送货到游客比较集中的海滩上。

毛毛在总计两个多小时的时间里，一共卖出了110瓶矿泉水，净赚了245元。在这个过程中，除了小表弟帮着吆喝"又凉又解渴的矿泉水""买两瓶送一瓶"之外，毛毛并没有得到姑姑、姑父的任何帮助——姑姑和姑父故意在旁边"袖手旁观"。

毛毛回到大巴车上时，他卖水赚钱的"创富事迹"早已在旅行团的成员间传开了。那些叔叔阿姨、爷爷奶奶们深受感动，他们以热烈的掌声、热情的拥抱来欢迎毛毛。

1. 如果你是这家商店的老板，在未来的一年里，你将如何给矿泉水标价，请从下面选出你认为合适的选项（　　　）

A. 2元/瓶　　　B. 3元/瓶　　　C. 5元/瓶

2. 矿泉水的生产成本由哪几部分组成？

3. 假如商店老板是按每瓶1元钱的价格购进的矿泉水，那么每瓶矿泉水的进货成本是多少？

富爸爸告诉你

一般来说，商品的价格＝成本+利润。

成本是生产和销售一种产品所需的全部费用，而利润则是商家赚取的收益。

对于一家生产型企业来说，生产一件商品，它的成本包括生产成本（原材料、制造费用等）、销售费用和管理费用。

对于一家销售型企业来说，销售一种商品，它的成本包括采购成本（包括购买价格、保险费用、仓储费用等）、销售费用和管理费用。

想一想

生产一件衣服所需要的成本有哪些？那么销售一件衣服所需的成本又有哪些呢？

生产成本构成：＿＿＿＿＿＿＿＿＿

＿＿＿＿＿＿＿＿＿

销售成本构成：＿＿＿＿＿＿＿＿＿

＿＿＿＿＿＿＿＿＿

低价MP3背后的故事

外形小巧、时尚，功能多样的MP3播放器已经成了白领和学生们的新宠。

同样是128M的容量，三星牌、艾利和牌的MP3可以卖到1500元左右，而不知名的小品牌有的却只卖400元左右，为什么价格相差这么多呢？

据调查，在成本的基础上加上各种费用，如产品设计及模具开发的费用、销售费用、广告投入、厂商的利润、中间商的利润、零售商的利润、售后服务费用等，一款128M的MP3从设计到最终用户的手中，价格在600~800元之间才是合理的。

那么市面上为什么还会存在低价的MP3呢？这就要从成本入手来做具体分析：

FLASH芯片

MP3最昂贵的电子元件就是FLASH芯片，这部分的成本约占总成本的一半。FLASH芯片涨价一度闹得沸沸扬扬，对于有丰厚利润的中高端MP3生产商来说，FLASH芯片的涨价对他们影响不大，但对低端MP3来说，打击却很大。所以，少数不做长线品牌的厂商采用了旧芯片和次品芯片，然而这种芯片的价格要比原装芯片低50元左右。

主控芯片

韩日品牌，大部分都是自己开发主控芯片，所以他们的产品成本会很高，但国内品牌大多采用第三方提供的主控芯片，同样是第三方主控芯片，好一点的大约会高出40~50元。

液晶屏

MP3的液晶屏分为数字式液晶屏和点阵式液晶屏两种，前者成本只有1~2元。这两种液晶屏最大的区别是数字式液晶屏只能显示数字；而点阵式液晶屏可以显示中文，还可以加背光。当然，也有更低端的根本就不用液晶屏的MP3。

电路板和其他电子元件

如果用差一点的电子元件，也可以节约几元钱，不过这样一来，MP3的音质却大打折扣了。

配件及包装

配件的差别主要在耳机上。对MP3来说，耳机对音质起到了非常重要的作用，一般的国产品牌用的都是成本不超过10元钱的耳机。包装材质差一点也能节约不少钱。

广告费用

巨额的广告费和高额利润率，是韩日品牌的

MP3价格居高不下的原因之一。有的厂商每月广告投入达到数十万，分摊下来，每个MP3都增加了几十元的成本。相比之下，小品牌MP3的广告投入很少，大约在几万元，有的厂商甚至没有任何广告投入，成本自然就降低了。

产品设计及模具费用

MP3的竞争就是设计的竞争，一般一款产品的设计费用最少也要5万~6万，多的则高达十几万。大部分小品牌MP3的厂商都不愿意投入过多的产品设计费，而采用购买现有的工模产品的方式。这样一来，其产品设计及模具费用就节省下来了。

厂商及渠道利润

每个厂商对利润的期望都不相同，合理的利润是厂商持续发展的基础。渠道商利润率的差别也会导致成本的差异。利润太低，对消费者实际上是不利的。

售后服务成本

其实，电子产品的售后服务成本是很高的。因此一些生产小品牌MP3的厂家可能在产品销售了一段时间之后，就突然消失了，其中一部分厂家转行做其他的产品；另一部分厂家可能会换个公司名称和品牌名称又开始继续做相同的电子产品。因为，这样一来，售后服务的责任就可以推得干干净净了。

FQ笔记

    针对自己喜欢的一款商品进行社会小调查：调查这款商品的生产成本和价格。

_____

_____

_____

_____

_____

_____

_____

_____

_____

_____

_____

_____

_____

五、需求与需求曲线

梳子的故事

  一家公司招聘员工，来了很多人应聘。总经理出了一个实践性的题目：把梳子卖给和尚，10天之内，谁卖出的最多，谁就胜出。把梳子卖给和尚？开玩笑！众多应聘者认为这是公司对自己的羞辱，就走了。最后剩下甲、乙、丙3个人。总经理交代："10天之后，向我报告销售情况。"

  10天之后，这3个应聘者来到了公司。

  总经理问甲："卖出多少把？"

  甲答曰："1把。"

  "怎么卖的？"

  甲告诉总经理，他一开始试着游说老和尚买把梳子，不仅没有说服老和尚，还惨遭责骂。在下山途中他遇到一个小和尚，当时这个小和尚正一边晒太阳，一边使劲儿地挠着头皮。甲灵机一动，递上木梳，小和尚用后满心欢喜，于是买下一把。

  总经理问乙："卖出多少把？"

乙答曰："10把。"

"怎么卖的？"

乙告诉总经理他去了一座位于山中的古寺，由于山高风大，进香者的头发都被吹乱了，他找到寺院的住持说："蓬头垢面是对佛的不敬。应在每座庙的香案前放把木梳，供善男信女梳理鬓发。"住持采纳了他的建议。那个山上有十座庙，于是他卖出了10把木梳。

总经理问丙："卖出多少把？"

丙答曰："1000把。"

总经理惊问："怎么卖的？"

丙说，他去了一个颇具盛名、香火极旺的古刹，朝圣者络绎不绝。丙对住持说："凡来进香参观者，多有一颗虔诚之心，贵寺也应有所回赠，以留作纪念，保佑其平安吉祥，鼓励其多做善事。我有一批木梳，您的书法超群，可刻上'积善梳'三个字，作为赠品回赠香客。"住持最终以每把3元的价格买下了1000把木梳。得到"积善梳"的施主与香客也很高兴，一传十、十传百，寺院的香火更旺了。

从这个故事中，你认为需求和价格之间存在着什么样的关系呢？

　　需求：需求是在一定的时期，在一既定的价格水平下，消费者愿意并且能够购买的商品数量。

　　需求量：消费者愿意并且能够购买的一种物品的数量。

　　需求曲线：表示一种物品的价格与需求量之间关系的图形。根据上面文章中的叙述，我们可以画出梳子的需求曲线图。

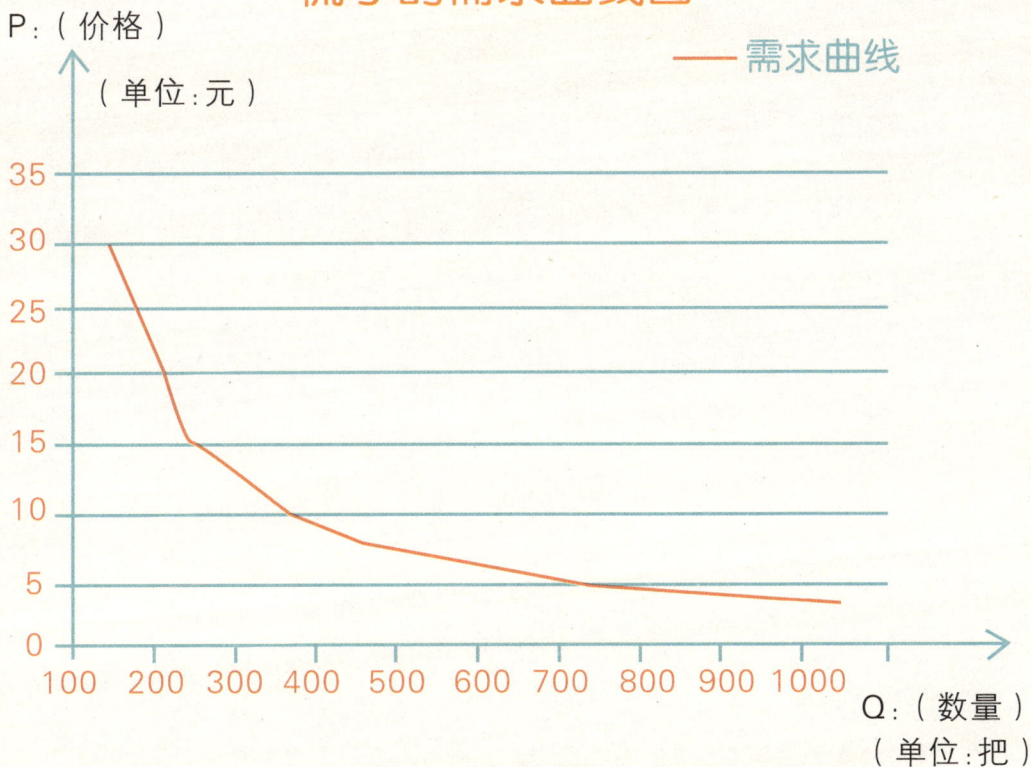

梳子的需求曲线图

—— 需求曲线

P：（价格）

（单位:元）

Q：（数量）

（单位:把）

FQ动动脑

画一画

根据下面表格中提供的数据，画出冰激凌的需求曲线图。

冰激凌的价格（元）	冰激凌的需求量（个）
0.50	10
1.00	8
1.50	6
2.00	4
2.50	2
3.00	1

想一想

为什么需求曲线大多数情况下向右下方倾斜?

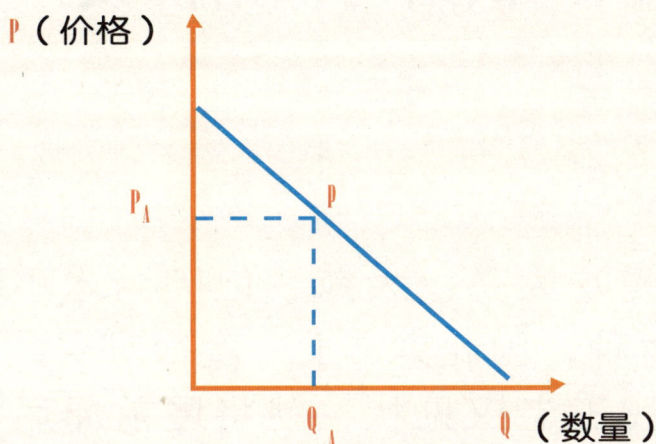

在什么情况下会出现向下倾斜的需求曲线呢?

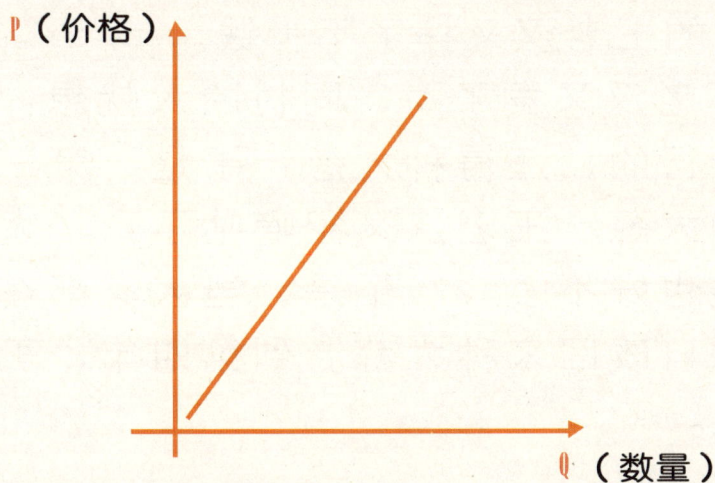

FQ笔记

六、供给与供给曲线

王大蒜的故事

北方人爱吃大蒜、大葱，但因为本小利薄，很多人都不愿意种，因此集市上一度很难买到葱和蒜。

山村农民王老汉见状，就将屋前屋后的空地上全部种上大蒜，第二年到集市上卖了个好价钱。

同村的人看到王老汉种大蒜赚了不少钱，就都学他在屋前屋后种上了大蒜。王老汉心里开始犯嘀咕："大家都种大蒜，价钱能好得了？"于是，当大家都在种大蒜时，他独自改种大葱。到第三年，由于满街都是大蒜，种大蒜的人就卖不出好价钱，而改种大葱的王老汉又挣了不少钱。

看到王老汉又发了财，同村的人就想：看来，种大蒜是不行的，还得种大葱！于是，第三年全村的人都改种大葱。王老汉又犯嘀咕了："大家都种大葱，价钱也好不了。"于是，当大家都在种大葱时，他又独自改回来种大蒜。到第四年，王老汉仍然挣到了钱。

王老汉从来没学过函数，更没有学过经济学，但他却有朴素的市场意识，让行为符合供求原理，这就是他一直能挣到钱的原因。

王老汉成功的原因在哪里？

富爸爸告诉你

供给： 供给是指生产者在某一特定时期内，在每一价格水平上生产者愿意并且能够提供的一定数量的商品或劳务。

供给量： 生产者愿意并且能够出售的一种物品的数量。

供给曲线： 表示一种物品的价格与供给量之间关系的图形。

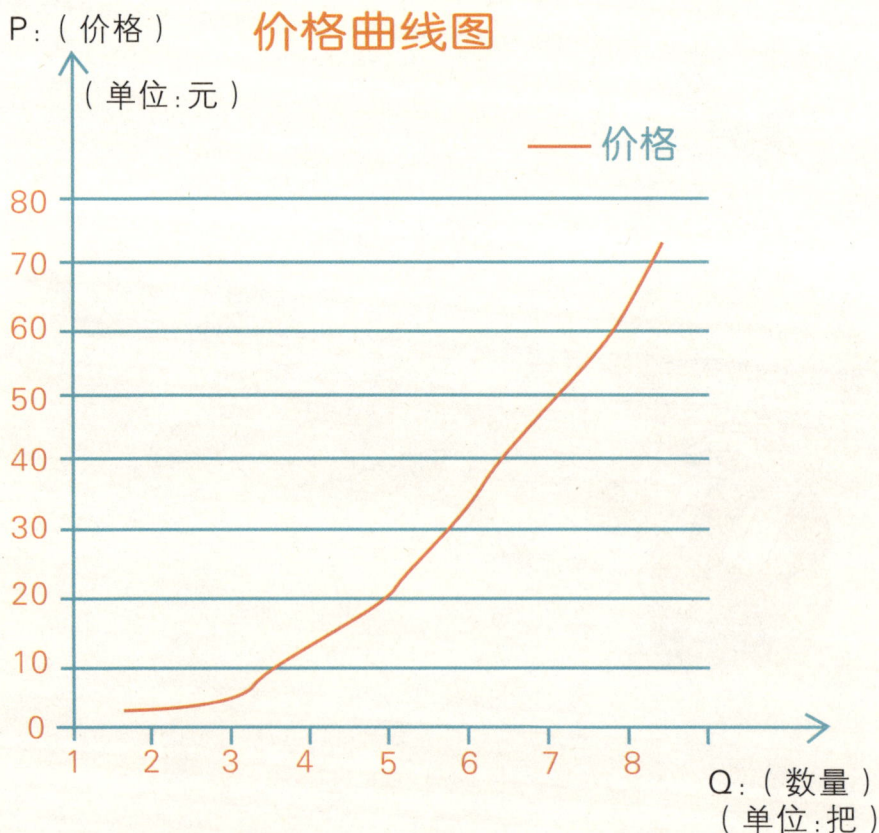

价格曲线图

P:（价格）
（单位:元）

—— 价格

Q:（数量）
（单位:把）

画一画

根据下面的表格，画出冰激凌的供给曲线。

冰激凌的价格（元）	冰激凌的供给量（个）
0.50	1
1.00	2
1.50	3
2.00	4
2.50	5
3.00	6

想一想

为什么供给曲线向右上方倾斜?

_____

_____

_____

FQ笔记

对比"需求曲线"和"供给曲线",说一说两者的区别和联系?

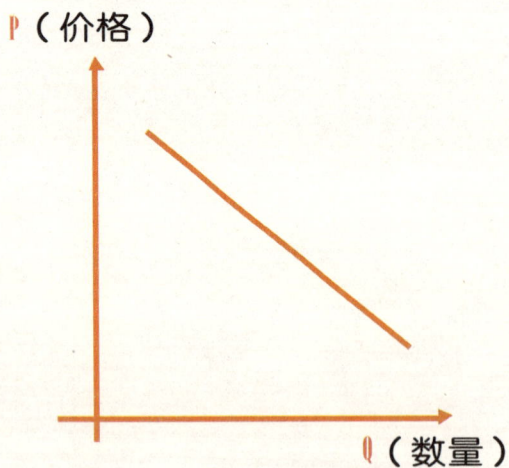

需求曲线

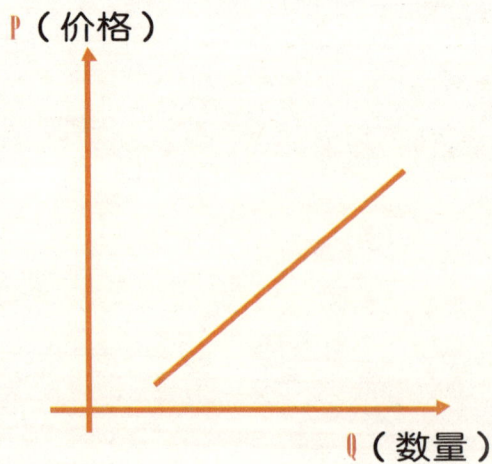

供给曲线

七、什么是公司

逛街记

"逛街逛街逛逛逛，逛得两眼直发亮。"美妞一边念着她的口头禅，一边和阿宝、皮喽、咕一郎走在去商场的路上。今天是周末，他们几个人约好去逛街。

一进商场，皮喽便冲进了食品区，这个地方可是他的最爱。大家也只好跟着皮喽进了食品区。看着满满一架子的各种食品，皮喽馋得直流口水，咕一郎见状忍不住笑出了声，说："瞧你这个馋猫，就知道吃，那你先在这儿转转吧，我们几个等会儿过来找你。"美妞也附和道："就是啊，我们先去看衣服吧！"爱美的美妞转身向二楼的服装区走去。

"哇，这里的衣服真多啊，我都看不过来了。"美妞高兴地说道，"那我就在这里逛了，你们要是不想在这儿逛也可以去别处看看，到时候我们电话联系。"

41

于是，几个人开始分头行动。美妞摸摸这件，又看看那件，不知选哪件好。美妞买衣服只买好看的，从来不看牌子……

咕一郎就不同了，专挑品牌服装买，快速地在二楼转了一圈没有发现他喜欢的品牌，就去了三楼的精品专卖区，直奔他喜欢的那个品牌专柜去了……不一会儿，咕一郎就买好了衣服。

阿宝一向都不怎么喜欢买衣服，他的衣服都是妈妈给买的。和美妞、咕一郎分开后，阿宝去了商场四楼的图书区，在那里津津有味地读着自己喜欢的书。

皮喽则在食品区里四处乱逛，买了一大堆好吃的。

不知不觉已经到了中午，几个人东西也都买得差不多了，皮喽提议一起去吃饭。于是大家就来到商场六层的美食城。在这儿，大家分别点好了自己想吃的美食。在等餐的时候，饿急了的皮喽，拿出买的零食往桌子上一放，招呼大家先吃点儿垫一垫肚子。阿宝边吃边问了大家一个问题："你们说我们买的这些吃的、穿的、用的都是从哪里来的呢？"

皮喽想都没想就抢着说："当然是花钱买来的呀，这还不简单！"

美妞想了想说：“食品当然是食品公司生产的，衣服当然是服装厂生产的了。”

　　咕一郎也接了一句：“嗯，我们的书包、手机也都是公司生产的。”

　　“那公司是什么呢？”阿宝问道。几个好朋友就“公司”这个问题开始讨论起来。

你听过“公司”这个概念吗？你对“公司”知道多少呢？

1.公司一般是指以营利为目的，从事商业经营活动的组织。

有经济学家说过："公司是经济活动中最有活力的细胞体。"

2. 从世界范围来看，公司的主要形式分为无限责任公司、有限责任公司、两合公司、股份有限公司、股份两合公司，其区别于非营利性的社会团体、事业机构等。在我国，现行的公司法规定的公司分为有限责任公司和股份有限公司。

（1）有限责任公司：是指公司全体股东对公司债务仅以各自的出资额为限承担责任的公司。

（2）股份有限公司：是指公司资本划分为等额股份，全体股东仅以各自持有的股份额为限对公司债务承担责任的公司。

3.我国公司的注册流程

注册流程

| 1.咨询领表 | 2.查询名称 | 3.入资验资 | 4.打印章程 | 5.材料受理 | 6.领取执照 |

创办流程图（不含专业性前置审批）

办理机关：市、区工商局	企业名称预先登记	办理时限：3个工作日
提交名称预先登记申请书、申请人身份证明或委托书、股东身份证明等材料		

↓

指定银行入资

↓

办理机关： 市、区工商局	企业设立登记	办理时限： 当日
提供登记申请书、公司章程、法定代表人任职文件和身份证明、 名称预先核准通知书、公司住所证明等材料		

↓

审批机关： 公安局特行科	刻制印章	审批时限： 当日
提供营业执照、法定代表人身份证明 等材料到公安局特行科审批后，刻制印章		

↓

办理组织机构代码证书	统计登记
办理机关：市质量技术监督局 办理时限：当日	办理机关：市、区统计局 办理时限：即时办理
提供营业执照、法定代表人身 份证明、公章等材料	领取工商营业执照起15日内，持 营业执照、公章、建设项目批准 文件等材料办理

↓

开立银行账户

↓

划转资金

↓

税务登记

↓   ↓

国税登记		地税登记
办理机关：区国税局 办理时限：当日		办理机关：区地税局、税务所 办理时限：即时办理 （不含初始纳税申报）
填写税务登记表、提供营业执照、有关合同、章程、协议书、银行账号证明、居民身份证明等材料办理国税登记、一般纳税人认定、发票种类核定。		填写税务登记表、提供营业执照、有关合同、章程、协议书、银行账号证明、居民身份证明、房产完税证明或租房协议等材料办理地税登记和发票核定。初始纳税申报在企业开始纳税前核定。

FQ动动脑

写一写

列举你知道哪些公司及其所属行业或提供的产品和服务。

公司名称	所属行业	提供产品和服务

选一选

下列哪些属于公司，请在括号里画上打"√"。

麦当劳（　　　）　　　　　肯德基　（　　　）

校门口商店（　　　）　　　物美超市（　　　）

4S汽车店　（　　　）　　　香飘飘饭馆　（　　　）

美美理发连锁店　（　　　）　商场服装专柜（　　　）

某运动服装专卖店（　　　）　游乐园　（　　　）

想一想

个体工商户是公司吗？那么企业呢？

_____

_____

_____

_____

_____

_____

_____

成立公司的四大要素要牢记

1. 必须依法设立

公司是从事经营活动的法人，法人资格与经营资格的取得都需要得到国家的承认，符合法律规定的条件，履行法律规定的程序，取得国家有关主管部门核发的营业执照等证件。

2. 以营利为目的

股东出资组建公司的目的在于通过公司的经营活动获取利润，营利性成为公司的关键要素，并以此区别于不以营利为目的公益法人、以行政管理为目的的国家机关以及非商业性公司。以从事行政管理为目的和主要活动内容的公司不应称为公司，因为它不是严格意义上的公司。

3. 以股东投资行为为基础设立

由股东的投资行为设立，股东投资行为形成的权利是股权。股权是一种独立的特殊权利，不同于经营权等物权，也不同于债权。

4. 独立的财产

公司须有独立的财产作为其从事经营活动的基

础和承担民事责任的前提。《中华人民共和国公司法》第3条规定："公司是企业法人，有独立的法人财产，享有法人财产权。公司以其全部财产对公司的债务承担责任。"

FQ笔记

调查一下你所知道的公司：哪些属于股份有限公司？哪些属于有限责任公司？

股份有限公司	有限责任公司

八、公司的组成要素

参观公司记

自从知道了商品是公司创造出来的，阿宝、美妞、皮喽和咕一郎就很想去参观公司，看看公司到底是怎样创造商品的。于是，阿宝央求爸爸带他们去参观爸爸的老朋友张叔叔的公司，爸爸很痛快地答应了。

周六的时候，4个小伙伴跟着阿宝的爸爸一起去了张叔叔的公司。到了公司，张叔叔很高兴地接待了他们。"孩子们，今天我亲自带你们去参观一下我的公司。"张叔叔和蔼地说。

张叔叔先带他们来到了一个玩具展厅，这里整齐地摆放着公司生产的各种玩具。有形态各异、惹人喜爱的洋娃娃，有威风凛凛的机器人，还有五颜六色的用积木搭成的房子……

"要是我能有这么多的玩具该多好啊！"4个小伙伴都不约而同地感叹道。

离开玩具展厅后，大家来到创意工作室，很多人在电脑前面画着各种玩具的图形，设计不同玩具的制作方案，原来展厅里的那些玩具都是这样设计出来的。

"他们的绘画、设计功夫可真了不得！"皮喽看到一个设计师在纸上只画了三两笔，就出现了一个个栩栩如生的人物图案，忍不住啧啧称奇。

"我们还有一家工厂，在郊区，这边的玩具形象设计出来以后，会放到工厂里进行生产和加工，也就是通过生产流水线进行统一的玩具制作，最后形成成品，再投放到市场上进行销售。"张叔叔看到几个孩子既好奇又兴奋的神情，又给他们解释了一下玩具的详细生产流程。

"张叔叔，您太厉害了！您到底是怎样开办这家公司的啊？您开这家公司是不是花了很多钱啊？"皮喽迫不及待地想知道答案。

"开办这家公司可不是我一个人的功劳。最初我的资金也十分有限，所以我召集了一帮想创业的朋友，把自己的方案和想法告诉他们。获得赞同和认可后，一些朋友加入了进来，我们一起投资成立了现在的玩具公司，这是股份有限公司。我和我的朋友们都是投资人，大家既是公司的股东，又是公司的主人。"张叔叔向大家介绍了公司的成立背景和概况。

"股东？"阿宝困惑地看着张叔叔，似乎不太明白这个词。

　　"股东就是股份制公司的出资人或投资人，持有公司的股份。股东是股份制公司存在的基础，没有股东，就不可能有股份制公司。"张叔叔耐心地解释道。

　　"哦，原来是这样啊！那所有股东都在这家公司工作吗？"阿宝又想到了新的问题。

　　"你这个问题问得很好，一家公司的管理者、董事会和股东是分开的。股东是公司的投资者，董事会负责监管公司的运营情况和财务状况，而管理者负责管理运作公司。"张叔叔又详细地解释了一下。

　　"哦，我懂了，一家公司会有很多人，有做管理的，有投资的，这样才能让这个公司运转起来。"阿宝从张叔叔的话里领悟到了很多。

　　张叔叔不仅带他们参观了公司，还向他们介绍了公司的组建过程。几个小伙伴带着满满的收获高高兴兴地回家了。

1. 公司是怎样组建的？
2. 股东是做什么的？

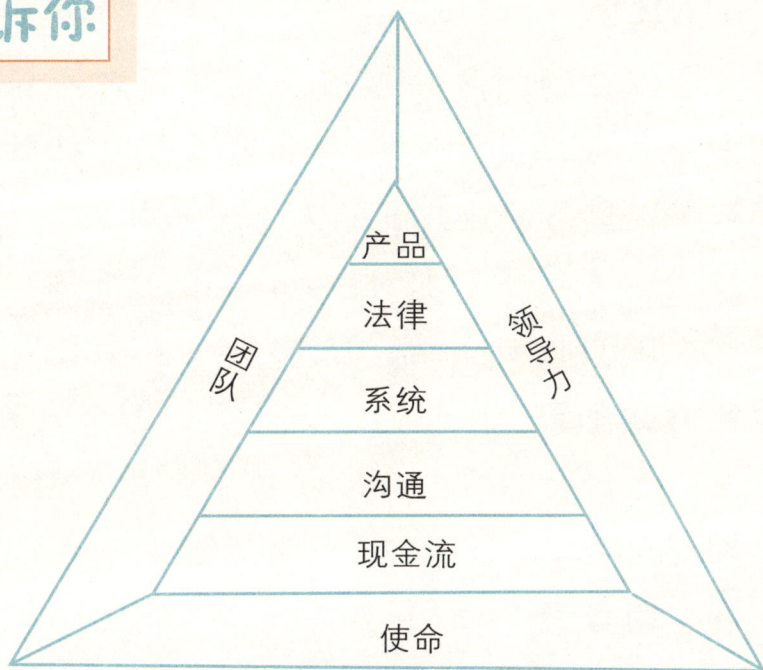

产品

法律

系统

沟通

现金流

使命

团队

领导力

B-I 三角形

生活中有奇思妙想的人很多，但是只有少数人通过创新拥有了巨额财富。了解"B-I三角形"的奥秘，不仅能使普通的想法变成巨大的财富，而且还指导你接受新思想，创造更多的资产。

下面就来揭开"B-I三角形"的奥秘：

使命

使命是B-I金字塔的底座。它是金字塔的基础，是企业存在的理由。使命来自于企业家的内心深处，是比赚取利润还要强大的动力。

团队

成功的团队，其成员的背景各不相同。通常来讲，成功的团队包含职业人员（律师、会计师等），具备职业技能的人士（公关人员、市场营销及销售人员）、技术人员（市场策划、美工、文案、网页设计）等。大多数创业者无法获得成功的关键在于，在他们的企业里，每个人都是一条独龙，靠自己的能力支撑着整个企业。论实质，他们拥有的不是企业，而是一份工作。

领导力

创业者是整个团队的领导和核心，其最重要的目标是整合人力和物力，在既定的时间和预算内完成目标。团队的领袖，扮演的是资源整合者的角色。领导者雇用各方面的专家，如律师、会计师、网页设计师等。这些专业的人才只对特定领域内的知识非常精通，但他们的能力通常只限于八要素中的某一单项。所以优秀的团队需要一个颇具影响力的领袖来指挥。如果你是强有力的领导者，便完全可以雇用比你更聪明、受教育程度更高的雇员为你工作。

现金流

现金流的企业地位在使命之上，也常被称为

"企业的生命线"。如果领导人管理有方，用于发放工资、奖金、红利甚至增加资本的现金流应该非常充裕才是。这样的话，企业才能不断地向前发展。反过来说，如果指挥不力，现金流就会发生短缺。相应的，工资欠发、裁员甚至资本金挪用事件就会逐个发生。

沟通

沟通的作用又在现金流之上。无论系统内部或是外部的沟通，都直接对现金流产生着积极或消极的影响。外部的沟通，主要对象是消费者，具体形式包括公关、市场营销、广告及销售。内部沟通的主要参与者包括雇员、供应商、管理层及股东。如果公司或组织的沟通不善，其余七要素都会相应受到影响，尤其是现金流。销售等同于收入，是沟通的一种表现形式。对于许多初创期的企业来说，失败的原因就是销售不力，最终导致入不敷出的情况发生。

系统

企业本身就是一整套系统。在企业的系统里，有电话系统、网络系统、财务系统、销售系统、法律系统、生产系统、物流系统等诸多系统。同理，如果其中的某个系统被破坏，整个公司都将面临或小或大的风险。比如说，某个公司的业务系统很强，但财务系统很薄弱。用不了多久，企业就会因为缺乏财务信息而弄不清楚自己的盈利状况，甚至出现少缴或多缴税款的情况，最终导致现金断流的结果。

法律

合同、协议及与企业运营相关的法律知识对于企业的成功来说都是非常重要的。缺乏法律意识，企业是很难扩大规模的。如果缺少了法律的约束，整个世界会乱作一团。与员工之间的雇佣关系、与租客之间的租赁关系也同样是由法律合同来界定的。

法律是创业之路上重要的组成部分。它位于金字塔的第二层，时刻提醒着你要建立起健全的法律流程，同时聘请优秀的律师为你出谋划策。

产品

分量最轻的组成部分就是产品了。这并不是说产品无关紧要，或是可以粗制滥造。从消费者的角度来看，产品可是非常重要的。但对于创业者和投资人来说，企业本身才是最为重要的。每个人脑中都有价值百万的好创意或是好产品。问题在于，他们不具备创业者的能力，不能将脑中的想法变为现实，从而创造出实实在在的利润。

1. 组建一家公司需要哪些条件?

_____

_____

_____

_____

2. 什么是现金流?

_____

_____

_____

_____

3. 公司为什么需要法律?

_____

_____

_____

_____

钢镚股份有限公司

钢镚走进卧室，一言不发，咕咚一声倒在床上。榆钱和高朗面面相觑，高朗问："何事烦恼？"要知道，钢镚放学回家那是相当震撼的一件事，他那叽里呱啦的叫声和跳踢踏舞一样的脚步声，都能把藏在墙角睡大觉的灰尘吵醒。

钢镚闷闷地回答："烦恼啊烦恼，哼，真郁闷！我们班一个女生名叫闻樱，跟我抢生意！添置了一些小女生喜欢的食品，还卖得比我便宜！哼，我也降，她竟敢跟我叫板，还嫩点！"说着说着，钢镚一个鲤鱼打挺跳起来。

"小事一桩！"榆钱打了个哈欠，懒洋洋地说。

"小事？"钢镚有点着急，"你说我怎么办？把班里这个市场拱手让给一个女生，我钢镚一世英名就扫地出门啦！"高朗插嘴说："那叫颜面扫地，不是扫地出门！"愤愤然的钢镚白了高朗一眼："领会精神，OK？我才不退呢，我跟她竞争到底！"

榆钱慢悠悠地说："非得要争个两败俱伤吗？"

"闭上你的乌鸦嘴，哼！就是两败俱伤，我也不能向一个女生认输！"

"我说要认输了吗？"榆钱指着钢镚狠狠地说，"要是我，就和她合作。"

合作？说得轻巧，跟她合作，有可能吗？

不过，钢镚不愧是理财能手，火气发泄完了，就开始冷静地考虑和闻樱合作的事儿了。

让钢镚沮丧的是，闻樱不同意他的提议，还说："我老爸说了，合作做买卖亲兄弟也会反目成仇。再说，小本生意一个人可以做得来，干吗要合作呢？"

怎么办？堂堂男子汉，背后又有超级智囊团，会陪着"白痴女生"一起死？

他最后一次请教智囊团："榆钱，号称无敌小神兽的榆钱'童鞋'，你要是像贵州那头破驴子一样，我就只有走最后一条路——放弃啦！"

榆钱听得有点晕，问道："贵州的破驴子是谁？"

高朗笑得直揉肚子，他解释说："他说的是黔驴技穷，就是'没办法了'的意思。"

"哦——"榆钱懂了，"谁说我没办法？周六叫上闻樱，咱们去转转。"说完闭上了眼睛，歪进抱枕打起了呼噜。

哇塞，又要穿越啦！

钢镚要闻樱发誓绝对保密，才会告诉她一个天大的秘密。弄得闻樱拉钩上吊、赌咒发愿，最后急得"野蛮"本色暴露无遗："不说拉倒，本小姐没那个闲工夫陪你磨牙！"转身就走。

"别走！"榆钱赶紧从钢镚的脖领子里跳出来，小貔貅一张嘴说话，闻樱就彻底傻眼了，再说到要带她去穿越时空，野蛮女生直接就疯掉啦，跳起来哇哇乱叫，一把就抓住钢镚的肩头。高朗双手刚要往她肩头搭，就跟烫着了似的缩回来："男女授受不亲，我——"榆钱飞到半空，旋转起来，越转越快，强大的吸力把三个人吸了进去。

他们是被一阵吵闹声弄醒的，睁眼看去，眼前是一条大街，街上挤满了人，黑压压一片后脑勺。闻樱第一次穿越，兴奋得有点抓狂，"哇塞，这就是穿越了吗？我去看看穿到哪个朝代了，我想到清朝，我想见见四皇子。"闻樱叫着挤进人群，钢镚和高朗也紧随其后，钻了进去。

"你到底想干什么？"一个矮胖男人揪住一个高高瘦瘦的小伙子，怒吼道，"你这样压价，我们还做不做生意啦？"

高瘦小伙子使劲儿挣脱，涨红着脸说："还不是你先压的价？咱爹活着的时候，是怎么说的？我们和睦相处，你有大哥的样儿吗？"

三个小伙伴好奇地看着，亲兄弟打的哪门子架呢？

只听见那个大哥说："要不是老二降价，我怎么会降？我不降价，生意还做不做啦？"话音刚落，一个白净的男人蹿了过来，说道："大哥，话可不能这么说，我想降价就降价，碍着谁了？"

闻樱回过头来，看了钢锅一眼，脸蛋貌似红扑扑的。

这时，三弟忽然哭了起来："今天是咱爹一周年的忌日呀，吵成这样，叫咱爹知道了多难过呀！"

老大、老二都低下了头，老大松开了揪着老三的手："反正咱们弟兄仨是不能再压价了，得想个办法！"老二梗着脖子嚷嚷："有啥办法？我豆腐做得最好，可是卖的却比你们少，除了降价，我还有啥办法？"

"合作呀，互相压价只能是三败俱伤。"闻樱嘀咕着就要往前走，想给三兄弟支招。

这时，三弟忽然叫了起来："哎呀，咱爹临终时交给大哥一封信，嘱咐咱们一周年忌日的时候拆开看呢。"说着，他走进家门，拿出了一封信递给老大。"不是老三提醒，还真忘了呢！"老大刚要拆信，老二劈手就夺了过去："我来拆，万一老爷子给留下张银票啥的，别叫你独吞了。"气得老大脖子上青筋直暴，刚要发火，老三拉住了他，好言相劝："还是先看看咱爹说什么吧。"

老二展开信封，开始念："阿大、阿二、小三，爹走了，怕你们吵得不可开交，给你们出个主意，你们可以合作入股，成立大型的豆制品工作坊。老大管理能力比较好，统一安排生产和销售；老二做豆腐技术最好，负责开发豆类新产品；老三能言善辩，人际关系好，让他去做推销。每个人都拿出一部分钱来投资，按出钱的百分比分红。聘请一位会计管账，随时监督。这样生意越做越大，合作共赢，兄弟三人一起赚钱，不比吵个三败俱伤要好得多吗？"

老二的声音越来越小，脸越来越红。信里说得没错，说豆腐技术，当然是他最好，可是在管理方面比不上大哥，大哥的豆腐坊一直在慢慢扩大；而三弟为人和善，能说会道，人缘好，豆腐也卖得不差。老二总感觉自己竞争不过他们俩，只好在价格上恶意竞争了。要是能合作办一个大型豆制品作坊，自己只管做豆腐，研究新产品，这当然最好了。想到这儿，老二低下头。

信念完了，人群中响起了掌声。三兄弟这才反应过来，在众人围观下，一家人上演了一场闹剧。还是老三反应快，红着脸冲乡亲们拱了拱手："让乡亲们见笑了，散了吧。等我们三兄弟的豆腐作坊开张，还要请乡亲们多多捧场！"人群中马上响起一片叫好声。

三兄弟关上门去商量合作成立股份作坊的事儿去了，人们也渐渐散去，不一会儿，街道上只剩下了钢镚、高朗和晕头晕脑的闻樱。高朗碰碰钢镚，钢镚又碰碰正在发愣的闻樱，闻樱这才回过神来，看向钢镚，钢镚向闻樱伸出手说："咱们回去吧！"

"好！"一枚铜钱出现在手掌心里，滴溜溜转个不停，闻樱唯恐自己落到这个人生地不熟的地方，再也吃不到老妈做的红烧狮子头，慌忙去抓身旁高朗的肩头，高朗大叫："放开，男女……"钢镚走过来，一把摁住高朗的肩头，喊一声："回家啰！目标北京。"

回到钢镚的卧室，榆钱还原成小貔貅，跳到床头，歪着头打起了盹儿；高朗坐到椅子上，拿起一本曲谱看着；钢镚也坐到了写字台前，打开书本开始做作业。闻樱站在屋子中央，有些尴尬地说："咳，咳……我说，我，你，钢镚……咱俩合作，商量商量吧？"

"扑哧——"闷着头装写作业的钢镚终于绷不住，笑了出来，榆钱跳上了写字台，高朗也抬起了头。"你说怎么合作？"钢镚问。闻樱挠挠头说："咱也按照那三兄弟的办法——股份制，怎么样？"

高朗拿起了笔，凑到写字台前，准备做记录："你们说着，我做记录。" 钢镚和闻樱你一言，我一语，敲定了股份制供销公司的具体筹备事项和一些细节。每个人出资200元做资本，把经营商品的范围扩大到各色小食品、文具、必备的日用品、女孩子用的小饰品等，经营场所从本班扩大到全校并且建立一个网店。闻樱负责进货，钢镚负责销售。

最后，闻樱提议："咱们的公司就叫'钢镚公司'吧？"

"用我的名字命名？对你不公平吧？"

闻樱笑嘻嘻地说："我是为了公司的发展着想，钢镚供求频道贼出名，品牌效应，不用白不用，你是真傻还是假傻？"

"我……"钢镚张口结舌，只能傻笑。

FQ笔记

和好朋友模拟成立一家股份制公司，并制定具体的成立章程、产品生产、经营、销售策略。

九、品牌和商标

寻找商机

　　参观完张叔叔的公司，阿宝、美妞、皮喽和咕一郎也想几个人一起合伙成立一家服装公司。于是，他们约好周末的时候去做个市场调查，看看做哪种服装生意更挣钱。

　　到了市中心之后，他们决定两人一组（咕一郎和阿宝一组，美妞和皮喽一组）分头行动，并说好两小时后在小吃店的门口集合。咕一郎和阿宝专门负责调查街边的专卖店，美妞和皮喽则负责调查商场的服装专柜。

　　阿宝和咕一郎一路上经过了李宁、耐克、安踏、阿迪达斯等多家品牌专卖店。每到一家店，阿宝都会先拿出手机拍下招牌上的商标，然后再进到店里面考察，咕一郎想不通阿宝为什么要拍这些东西，于是问道："阿宝，你在拍什么啊，都是一些标志，有什么好拍的？"阿宝挠挠头说："嘿嘿，这你就不懂了吧，这是这个品牌的标志，你看，每一家店的标志都是用不同的图案或者文字来表示的，这个就是商标。商标是一家公司的重要标志，如果我们要开公司就要注册商标。"咕一郎还是没太明白，可阿宝没时间跟他解释太多了，他们又急匆匆地赶往下一家店……

美妞和皮喽进了商场之后，先冲进了三楼的精品专柜，因为美妞知道皮喽很喜欢穿名牌服装。皮喽认真地询问着各种服装品牌的来历。美妞则边走边看，她只想找她喜欢的漂亮衣服，见皮喽这么认真地做着调查，美妞有点不好意思，她问道："皮喽，你为什么这么喜欢品牌服装呢？"皮喽做了个鬼脸，答道："我喜欢品牌是因为它是一种地位、身份的象征，它决定着你是否受别人关注，被别人尊重！"美妞一脸的不屑，反唇相讥道："什么呀，我不穿品牌也没人不尊重我啊，地位也不比你低……"说完，美妞不满地嘀咕了起来。皮喽见状赶紧向她道歉："我没有别的意思，你别生气啊。我们先不讨论这个问题了吧，回头让富爸爸给咱们说说品牌的问题，怎么样？"美妞狠狠地瞪了一眼皮喽，一个人先走了，皮喽无奈地叹了一口气……

两小时的时间很快就到了，4个小伙伴来到了集合地点，这会儿正是午饭时间，大家一致决定去小吃店里吃午饭，并聊聊这两个小时里的收获……

1. 什么是商标？
2. 品牌和商标有什么关系？

富爸爸告诉你

1.商标： 是生产经营者在其生产、制造、加工、拣选、经销的商品或服务上采用的一种有着明显特征的标志，目的是为了将自己的商品或服务与别人的区分开来。

商标分为两种，经国家核准注册的商标为"注册商标"，是受法律保护的，标注这种商标时应在其右上角标记一个"®"符号。圆圈中的"R"是英文Register（注册）的开头字母，标上了这个符号，就说明该商标已经在国家商标局进行了注册申请，并已经获得审查通过，属于注册商标。还有一种标识是"TM"，使用"TM"通常是表示文字、图形或符号作为商标使用，但不一定是已经注册了的。

2．品牌：是人们对一家企业及其产品、售后服务、文化价值的一种评价和认知，同时也是一种信任。

品牌的作用：

- 它是产品或企业核心价值的体现。
- 它是识别商品的分辨器。
- 它是质量和信誉的保证。
- 它是企业的"摇钱树"。
- 卖得更贵，卖得更多，驱动生意，即"生意导向的品牌管理"。

FQ动动脑

想一想

1. 什么样的商标才是好商标？

_____

_____

_____

_____

2. 凡是商标都是"注册商标"吗？为什么要注册商标呢？

_____

_____

画一画

画出你所知道的公司的商标。

写一写

1. 写出你喜欢的品牌的名称。

_____

_____

2. 写出你看到的带有商标的商品。

_____

_____

酸葡萄

从前有一个女孩，她的家乡盛产葡萄。有一次，她发现有一大片葡萄园里的葡萄圆润饱满，却总是无人问津。原来那个葡萄园里的葡萄都是酸葡萄。"难道酸葡萄就没有价值吗？"女孩没有像别人一样采摘甜葡萄，而是决定要好好利用这些酸葡萄。

一听说女孩要开发酸葡萄，很多人都嘲笑她标新立异，等着看她的笑话。她不为所动，认真地做着调查研究，默默地工作。

到了葡萄丰收的季节，市场上的甜葡萄供过于求，价格开始暴跌，行情越走越低，种植甜葡萄的人都为此焦头烂额。而她的酸葡萄销量却很好。有人眼红地说："今年这是她撞上好运而已！"她却说："每个行业都有自己的特点和市场规律，作为水果，甜葡萄固然备受欢迎，但酸葡萄也有自己独特的价值。我调查过了，酸葡萄酿成的干白葡萄酒口感清爽，别具风味，人们不看好的酸葡萄，正是葡萄酒厂家求之不得的优质原料。我的成功并非偶然。"

再后来，女孩不仅卖葡萄，还制作葡萄产品。她请来了很多工人，严格地按照统一的标准进行生产。她的酸葡萄产品种类越来越丰富，酸葡萄不仅可以用来酿造葡萄酒和制作葡萄干，还可以加工成烹调配料、蛋糕和饼干……酸葡萄的行情看涨，产业规模越来越大，从种植到销售的价值产业链日渐完善。这时，女孩申请注册了自己的品牌，她的产品也成了名牌产品。

当地人看见她的生意越做越红火，就纷纷跟风模仿，她做什么生意大家就都跟着做。但是最后消费者还是只认她的牌子，只买她的产品。

FQ笔记

1. 上网查一查：怎样注册商标？

2. 讨论：品牌代表着什么？

十、公司以外的经济组织

新增的选修课

临近期末考试，同学们都在紧张地复习着。下午的自习课上，班主任老师拿来了下学期的选修课表，让同学们带回家跟爸爸妈妈讨论后选课。

阿宝看了看选修课表，发现新增了一门叫"JA"的课程，同时美妞也发现了"JA"这两个字母，她回头问阿宝："这是什么课啊，怎么以前从来都没见过呢？"阿宝挠挠头说："我也不知道啊，我们问问老师吧！"

于是，阿宝举起了手。

老师看见后，问道："阿宝，有什么问题吗？"

阿宝站起来说："老师，新课表上的'JA'是什么课程，我不太明白。"

老师说："JA(Junior Achievement)是全世界最大、发展最快的非营利教育组织。主要进行商业和经济教育。"

听到"商业"和"经济"这两个词儿，皮喽赶忙问道："老师，这跟我们的财商课教的内容是一样的吗？"

老师笑着说："这和财商课还是有区别的，这个课比较注重培养学生商业方面的能力；而财商课，你们也上了很久了，注重的是思维训练，比这个课要更全面些。"

大家似懂非懂地点了点头。

放学后，在回家的路上，阿宝又提起了新增的选修课的事："老师说'JA'是非营利机构，也就是说他们来学校是白给我们上课的吗？"

美妞插了一句："那他们为什么要来教我们呢？又不赚钱。"

咕一郎也有些疑惑："什么是非营利组织呢？它是做什么的呢？不赚钱为什么要上课呢？……"

皮喽想了想说："我们还是赶紧去问问富爸爸吧！"

几个小伙伴急急忙忙地跑去找富爸爸了……

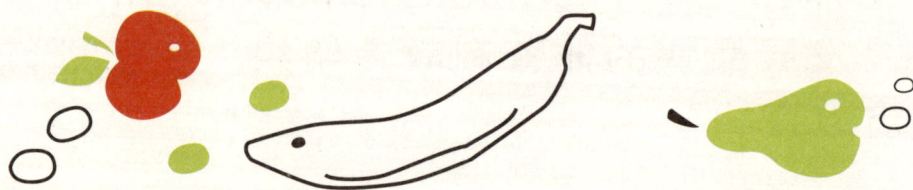

目前社会上存在的各种组织和机构，既有政府组织，也有非政府组织——它们都能为我们提供商品和服务。另外还有很多非营利机构，这些机构专门为有需要的人们无偿提供商品和服务。比如"小动物保护协会""红十字会"等。

政府组织

泛指工商管理部门、商品检验部门、技术监督部门、税务部门、政府经济管理部门、海关、政府其他机构和组织。

政府的概念有广义和狭义之分。广义的政府指行使国家权力的所有机关，包括国家的立法、司法与行政机关。狭义的政府仅仅指国家的行政机关。

政府作为国家机构的重要组成部分，具有以下特点：阶段性、系统性、服务性、法制性。

非政府组织

非政府组织的英文缩写是NGO，它是"Non-Governmental Organization"的缩写，是指在特定法律系统下，不被视为政府部门的协会、社团、基金会、慈善信托机构、非营利公司或其他法人，不以营利为目的的非政府组织。NGO不是政府，不靠权力驱动；也不是经济体，尤其不靠经济利益驱动。NGO的原动力是志愿精神。它是公民社会兴起的一个重要标志。

公司以外的其他经济主体

个体工商户：指有经营能力并依照《个体工商户条例》的规定经工商行政管理部门登记，从事工商业经营的公民。《个体工商户条例》第二条规定："有经营能力的公民，依照本条例规定经工商行政管理部门登记，从事工商业经营的，为个体工商户。"

独资企业：即个人出资经营、归个人所有和控制、由个人承担经营风险和享有全部经营收益的企业。以独资经营方式经营的独资企业有无限的经济责任，破产时借方可以扣留业主的个人财产。

合伙企业：指自然人、法人和其他组织依照《中华人民共和国合伙企业法》在中国境内设立的，由两个或两个以上的自然人通过订立合伙协议，共同出资经营、共负盈亏、共担风险的企业组织形式。

FQ动动脑

想一想

1. NGO组织是怎样生存的？

_____

_____

2. NGO组织为人们提供的服务是从哪里来的？

_____

_____

写一写

你还知道哪些公益组织，请把它们的名称写下来。

_____

_____

_____

在中国的十大国际NGO组织

香港乐施会

香港乐施会是国际乐施会的成员之一。乐施会的宗旨是跨越种族、性别、宗教和政治的界限，与贫困群体一起面对贫穷和苦难，让所有人都得到尊重与关怀，享有食物、居所、就业机会、教育及医疗卫生等基本权利，在持续发展中建设一个公平的世界。香港乐施会的资金大部分来自香港市民、社团及商业机构的捐款。

美国福特基金会

福特基金会创立于1936年，是一个致力于国际和平和改善人类福祉的私人慈善机构。它的宗旨是寻求强化民主价值观，减少贫困和不公，促进国际合作和提高人类的成就。福特基金会关注的重点领域为环境与发展、生育健康、公共政策与政府治理、法律和权利、教育。

英国救助儿童会

英国救助儿童会是英国最大的国际非政府组织之一。其宗旨是：在一个儿童的基本人权仍得不到保障的世界里，我们努力为所有儿童争取享有幸福、健康及安全的童年的权利。我们的一切工作都以儿童生活的现实情况为关注的中心。我们和儿童一起，力争为现在和未来的世代建设一个更美好的世界。目前，它在中国开展的项目主要有青少年艾滋病预防教育项目、少数民族教育项目、流浪儿童保护项目、照顾孤儿和弃儿的"儿童关怀"项目、青少年司法公正项目等。

日本笹川和平财团

笹川和平财团成立于1986年，其宗旨是促进国际相互理解、交流与合作的事业。通过对这类事业的资助，达到为提高人类福利，发展良好的国际社会环境，进而为世界和平做贡献。

无国界卫生组织

无国界卫生组织最初于1971年成立于法国，以后在欧洲一些国家相继成立了无国界卫生组织。无国界卫生组织主要由一些医疗救助志愿者组成，目的在于向被慢性和多种疾病困扰的人们提供医疗救助，特别是赈灾援助。

微笑列车

"微笑列车"是美籍华人王嘉廉先生于1999年在美国发起并正式注册的非营利性慈善组织。这个组织的宗旨是为贫困的唇腭裂患者实施矫治手术。具体工作有三个方面：1. 出资培训当地医生；2. 为患者提供手术费用；3. 为唇腭裂研究提供一定的资金。"微笑列车"的目标是最终消灭唇腭裂。

绿色和平组织

绿色和平组织是当今国际上影响最大的环保NGO之一。该组织的宗旨是通过非暴力行动面对问题并促进公众对环境保护的支持。自1997年开始，绿色和平组织便开始在中国开展环保活动。

国际爱护动物基金会

国际爱护动物基金会成立于1969年。基金会的宗旨是防止对动物的虐待行为。该基金会于1993年开始在中国开展活动，主要为设立在中国的一些小型项目提供资金。

喜马拉雅基金会

喜马拉雅基金会是台湾企业家韩效忠先生于1990年创办的。他年轻时留学美国，曾受益于福特基金会，因此在事业成功之后创办了这一民间基金会。喜马拉雅基金会是亚太慈善联合会的主要成员之一。近年来，该基金会的主要工作是举办学术研讨会、出版台湾基金会名录、设立公益网站和公益图书馆等。

英国海外志愿服务社

英国海外志愿服务社成立于1958年，其宗旨是促使男性或女性与贫困国家的人一道工作，共同分享技术、提高能力，推动国际之间的理解，追求一个更加平等的世界。目前，英国海外志愿服务社在中国的志愿者主要在中国贫困地区的学校教授英语。

FQ笔记

上网查一下各大NGO组织的标志，了解这些组织的宗旨，并把它们画下来。

十一、合作力量大

小故事里的大智慧

　　小朋友们都很喜欢看《喜羊羊与灰太狼》，那么，喜羊羊这个可爱的动画形象是谁创造的呢？他就是卢永强。

卢永强被人们称为"喜羊羊之父"，不过喜羊羊可不是他独自一人创造出来的，而是集体智慧的结晶——卢永强带领的创作团队的集体创造。卢永强也是看着动画片长大的，但是他当年看的都是国外的动画片，虽然这些动画片很好看，但他想的却是：为什么我们中国人不创造自己的动画片呢？嗯！我一定要创造一部中国原创的动画片！

可是动画制作，尤其是大型动画片的创作，是一项集体性劳动。单靠卢永强自己一个人，无论如何都是办不到的。为什么呢？因为动画创作有它的特点：首先，要创作剧本，也就是写一个有趣的故事；然后，要根据剧本画出类似连环画的草图，将剧本中描述的人物、动作表现出来；接着需要有专业的人员给画面上的人物描线、上色；接下来是确定背景、道具的形式，完成场景和背景图的设计、制作；此外，还要配上音乐，通过编辑、剪辑等工作环节，最后才会形成我们所看到的拥有可爱的人物形象和精美画面的动画片。

　　虽然实现梦想的过程很难，但卢永强充满了信心，因为他找到了一群和他有着同样梦想的年轻人，他们有的擅长写作，有的擅长绘画，有的喜欢设计，有的负责编辑。最终这群人创造出了中国的动漫神话。你知道《喜羊羊和灰太狼》创造了多大的财富吗？据统计，仅仅是与之有关的周边产品，比如印有喜羊羊图案的文具、服装、食品、玩具等，其价值就高达10亿元以上，所以很多人戏称这是历史上最赚钱的"羊"和"狼"。

卢永强是怎样寻求合作的？

FQ超链接

甜筒冰激凌的诞生

　　在1905年的世界博览会上，一个名叫欧内斯·哈姆伊的人正在销售他制作的像纸一样薄的波斯威化。他早出晚归地向参加博览会的人推销自己的产品，可效果并不理想。

　　每天都有无数又饥又渴的参观者匆匆跑过欧内斯·哈姆伊的小摊，在旁边的甜品摊买冰激凌。看着人家手忙脚乱地数钱，哈姆伊羡慕极了。

　　几天后，在一个炎热的下午，哈姆伊的运气终于来了。甜品摊的冰激凌太畅销了，以至于盛冰激凌的碟子都用完了，甜品摊的老板急急忙忙地向哈姆伊走来，求哈姆伊借一些碟子给他。

　　哈姆伊没有碟子，他只有成堆柔软的、甜甜的波斯威化。突然间，哈姆伊有了一个绝妙的主意：把一片威化卷成筒状，然后在里面装一些冰激凌。这样，普通的冰激凌看起来也更迷人了。用波斯威化卷成的甜筒和香甜冰爽的冰激凌组成的迷人甜品很快就变成了1905年国际博览会上最受欢迎的产品。时至今日，甜筒冰激凌仍然是世界上最受欢迎的甜品。

在这个故事里，合作是怎样创造财富的？

合作
合作

富爸爸告诉你

合作可以使团队优势互补。就像攥紧的拳头，形成合力后产生的力量更大。

每一个人的能力都是有限的，只有建立在诚信基础上的相互合作才会创造出巨大的财富和更美好的世界。

FQ动动脑

想一想

在生活中，哪件事让你体会到了合作的力量？

_____

_____

_____

_____

写一写

你知道哪些财富是通过合作创造的?

_____

_____

_____

_____

FQ超链接

一粒沙子的旅行

它叫小不点,是一粒沙子,终年和它的同伴们生活在河边,每天不过晒晒太阳,冲冲凉水澡,倒也生活得悠闲自在。然而一群人的出现打破了这儿的平静。他们开来了卡车,在柔软的沙地上留下了一道道车痕,接着,他们把沙子装上车,又一车一车地把沙子送出大山,当然,小不点也在其中。

经过几天几夜的奔波,它们来到了一个陌生的地方,这里充满了机器的轰鸣声和飞舞的烟尘。

"这是哪儿？我们来这里干吗？"小不点不解地问身边的同伴。

"不知道，估计没好事。"

"这里好像是传说中的城市。"

……

大家议论纷纷，谁也不知道这究竟是怎么回事。

第一天，大家在忐忑不安中度过了。到了第二天清晨，一个人拿着铲子不停地把沙子铲进一个飞速旋转的机器中。小不点怕极了，它拼命地往边上挤，但还是被铲了进去。被铲进机器里的小不点飞转起来，正当它被转得找不着北的时候，"哗"的一声，一些"灰尘"被撒了进来。小不点吓了一跳，它捂着鼻子问道："嘿，你是谁？呛死我了，我衣服都被弄脏了！"

"对不起，我是水泥，以后我们要天天在一起了，祝我们合作愉快吧！"水泥彬彬有礼地说道。

"什么？天天在一起？为什么？"小不点大吃一惊。

"难道你不知道吗？"水泥疑惑地问。

"不知道啊！"小不点连连摇头。

就在它们聊天的时候，机器里又飞进来许多"庞然大物"。小不点吓得大叫了一声，躲闪在一边。"咚！"一颗石子落在了小不点身边。

"你是石子吧，我认得你，你怎么也到这儿来了？"小不点见了熟人感到格外亲切。

　　"呵呵，你好你好。"石子憨厚地笑着说道，"以后大家就要天天在一起了，祝我们合作愉快！"

　　小不点更奇怪了，它问道："你怎么也这么说，这到底是怎么回事呀？"

　　"我来告诉你吧。"水泥说道，"这是一座建设中的城市，需要大量的混凝土来铺路，咱们就是来做混凝土的。不久就该加水了。"水泥的话音刚落，一桶水就劈头盖脸地泼了下来。

　　小不点突然惊讶地发现，水泥变得越来越黏，紧紧地把它和石子裹在了一起。

　　"放开我，我才不要和你们合作，我要自由，放开我！"小不点大喊大叫，奋力挣扎着。

　　"没办法，我一遇水就变黏啊。"水泥无奈地摇了摇头，"算了，别闹了。我们一起合作会变得坚硬无比，有很大的用处。合作，会形成坚不可摧的力量！"

　　小不点无奈地停止了挣扎，尽管很不情愿，但又有什么办法呢？过了一会儿，它们一起离开了机器，被铺在大地上，还被盖上了草垫。

　　在接下来的几天里，小不点发现水泥变得越来越硬，自己丝毫不能动弹。几天后，草垫终于被揭开了，小不点还没来得及晒晒太阳，就看到一辆大卡车向它徐徐驶来，小不点吓坏了，害怕地闭上了眼睛。卡车过去后，它睁眼一看，自己竟然没事。接着，一辆又一辆的车飞快地从它身上压过，它竟毫发无损！

突然，它想起了石子说过的话："我们一起合作会变得坚硬无比，有很大的用处。合作，会形成坚不可摧的力量！"

小不点费力地扭头看看身边的水泥和石子，大家会心地笑了……

小不点就这样拥有了坚不可摧的力量，将自己融入了这座城市，为这座城市变得更加美丽贡献出自己的力量。

说一说

小不点是怎么变得坚不可摧的?

_____

_____

想一想

在这个故事中小不点是如何塑造自己价值的?

_____

_____

FQ笔记

如果你想开一家公司,你需要寻求哪些合作呢?

_____

_____

_____

_____

十二、市场与法制

逛早市

美妞、皮喽、阿宝、咕一郎四个人约好周末早晨一起去农贸市场的早市体验一下市场行情。不到8点，美妞就拉着买菜的小推车来到了阿宝家楼下，她给阿宝、皮喽和咕一郎分别打了电话，刚挂电话阿宝就下来了。过了一会儿，皮喽和咕一郎也来了。

他们没走多久，就来到了离家不远的农贸市场。还没进市场，皮喽就吃惊地叫道："哇塞，外面都有这么多人，里面肯定人更多。"这是皮喽第一次来早市，所以他对什么都感到惊奇，美妞瞅了皮喽一眼，笑道："大惊小怪什么啊，来早市的人本来就很多啊。"咕一郎也说："是啊，早市的东西比较便宜，所以来这里的人当然就多了。"阿宝听到他们几个人的对话，赶忙说："好了，好了，我们赶紧进去吧，不然人会越来越多的。"

说着几个小伙伴走进了农贸市场。他们先去

了卖菜的地方，看着一个挨一个的蔬菜摊位，皮喽不解地问："为什么这些卖菜的摊位都排列得这么井然有序？你看，卖肉的都在左边，卖水产的都在右边，前边是卖青菜的，再往前边一点还有卖土产的呢！""这还不简单，当然是市场管理人员安排好的。"咕一郎说。过了一会儿，皮喽又说："你们说市场要是完全开放的话该多好啊，这样买家和卖家就能很自由地进行交换了，卖家可以根据自己的实际情况给蔬菜和水果定价，买家也可以根据自己的喜好和能力来买瓜果蔬菜。这样市场才热闹呢。"阿宝摇摇头说："完全竞争的市场是很好，可是有人会把市场弄乱的，可能到最后买卖双方都不满意。比如说有卖家想快点把自己的蔬菜卖出去，就把价格压到很低，虽然不会低于成本价，但是他可能会违反市场规则。所以，无论买卖如何进行，都要按照市场规则有序地进行，这个规则就有可能是法律。"阿宝的一番话说得大家更迷糊了，几个人只好把问题留给了富爸爸："法律跟市场有什么关系呢？"

　　市场和法律的关系：市场是供人们交换的场所，如果没有市场，人们就无法进行交换，货币就无法流通，社会将无法进步，法律的存在就会失去意义；相反，如果没有法律的保护，市场就会混乱，对社会的发展也会造成很大的影响。所以说，法律在市场的运行中既起到了保护作用，又起到了约束作用。

FQ动动脑

想一想

1. 如果市场离开了法制的约束，它会变成什么样？

2. 小调查：你身边的市场是怎样运行的？

_____

_____

_____

_____

FQ超链接

"3Q" 大战

奇虎360与腾讯间的纠葛由来已久，被业界形象地称为"3Q大战"。这源于2012年双方"明星产品"之间的"互掐"。2010年9月27日，360发布了其新开发的"隐私保护器"，专门搜集QQ软件是否侵犯用户隐私。随后，QQ立即指出360浏览器涉嫌借黄色网站推广。2012年11月3日，腾讯宣布在装有360软件的电脑上停止运行QQ软件，用户必须卸载360软件才可登录QQ，强迫用户"二选一"。双方为了各自的利益，从2010年到2014年，两家公司上演了一系列互联网之战，并走上了诉讼之路。

双方互诉三场，奇虎360已败诉。其中奇虎360上诉腾讯公司垄断案尤为引人注目，2014年10月16日上午，最高人民法院判定：认定腾讯旗下的QQ并不具备市场支配地位，驳回奇虎360的上诉，维持一审法院判决。该判决为互联网领域垄断案树立了司法标杆。

　　这起被称为"互联网反不正当竞争第一案"的案件，是迄今为止互联网行业诉讼标的额最大、在全国有重大影响的不正当竞争纠纷案件，也是《反不正当竞争法》出台多年以来，最高人民法院审理的首例互联网反不正当竞争案，案件本身引发了行业、用户和法律界各方的关注。有行业人士认为，诉讼本身就促进了中国互联网企业创新生态的营造，也推动了中国市场经济的开放与竞争。竞争并不是非要你死我活，而是可以双赢的。双方应在技术创新、服务质量上多下功夫，提高自己的国际竞争能力。

　　因此，随着今日的终审宣判，奇虎360和腾讯公司历时4年的互诉大战最终尘埃落定。

结合"3Q"大战阐述一下"市场"与"法律"的关系。

FQ笔记

说一说：如果你遇到违反市场规则的事情，你会怎样处理？

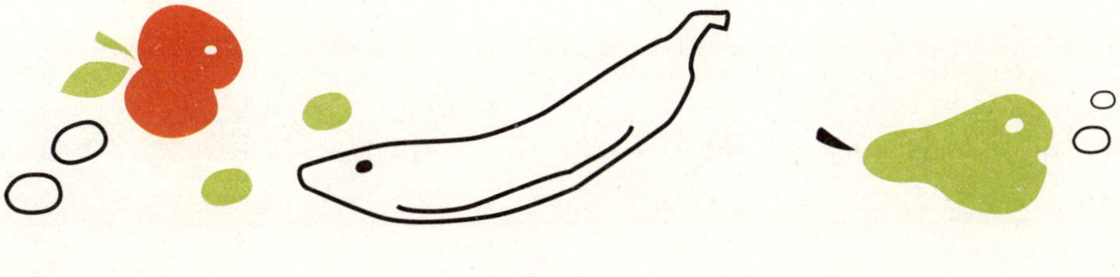

_____

_____

_____

_____

_____

_____

_____

_____

_____

_____

_____

_____

十三、货币的前世今生

钱币博物馆参观记

　　阿宝、美妞、皮喽、咕一郎计划在星期天的时候去参观钱币博物馆，了解钱币的发展历程。不到9点，大家就在钱币博物馆门口集合了。进了博物馆，他们首先看到了很多稀奇古怪的贝壳、小刀一样的铜片，还有许多陶罐物品。皮喽抢着说道："这些都是以前的钱币，古代的人们就是用这些钱去买东西的。"美妞也附和道："对呀！对呀！古时候的人是没有我们现在用的这些纸币的，他们都是用这些奇形怪状的钱币来交换各种东西的。"

　　正说着，他们又走到了博物馆西北角的一处展台，这里展示的是各种形状的铜钱，有刀形的、铲形的，还有最常见的圆形方孔钱币。

　　"为什么人们不用贝壳当钱了呢？贝壳多漂亮啊。"咕一郎还没有忘记刚才看到的那些美丽的贝壳。

　　"因为随着社会的进步，很多东西变得多起来了，就像贝壳，谁都可以去捡，如果美妞拿贝壳跟你换牛肉，你会愿意吗？"阿宝反问道。"当然不愿意了，这多不划算。"咕一郎急忙说。

"是啊，所以这种东西就不能再当货币使了。经过很多年的发展之后，货币慢慢就确定成金属了，尤其是数量稀少的金银，还有难以冶炼的铜等。"阿宝慢条斯理地接着说道。

"原来是这样啊，阿宝，你太有才了！"咕一郎钦佩地看着阿宝。

"哇，快来看，这儿有好多金元宝。"皮喽又有一个新发现。

"这我知道，电视上的古代人都用金子和银子买东西，我奶奶家还有一个金元宝呢。"爱看电视的美妞终于找到了说话的机会。

几个小伙伴边走边聊，"可是金银多了带着也不方便啊，我看电视上古代的人有时要拉着一大车的银子去做生意呢。"咕一郎又提出了一个问题。

"可以把金子存到银行，换成银行卡啊！"皮喽抢着说。

"古时候哪有什么银行卡啊，应该是支票。"美妞说。

"不对，不对，应该是银票，我看电视上就有银票。"咕一郎也跟着说。

三个人为这事吵了起来，准备离开钱币博物馆后，去找富爸爸问个究竟。

一旁的阿宝一直在思考：到底什么是货币呢？货币就是钱吗？还是那些能够用来交换的物品都是钱呢？对于货币的发展史阿宝只知道一点点。所以，他觉得自己也应该找富爸爸去问问了……

富爸爸告诉你

1.货币的发展

货币的发展经历了一个漫长的过程，它由原始社会末期出现的实物货币到夏朝末年出现的一般等价物，再到金属货币、纸币、信用货币，最后发展为现在的电子货币。

2. 货币的定义

（1）货币在日常生活中的种种含义

其主要代表性含义有三种：

其一，常指通货。

其二，把货币看成是财富的同义语。

其三，把货币等同于收入。

（2）货币的理论定义

●马克思的货币定义：

货币是从商品世界中分离出来的、固定地充当一般等价物的特殊商品。这个定义包括以下含义：

（1）货币是商品。

（2）货币是一般等价物。

（3）货币是固定地充当一般等价物的商品。

（4）货币体现一定的生产关系。

●西方经济学中常见的货币定义：

凡是在商品与劳务交易和债务清偿中，可作为交易媒介与支付工具、被普遍接受的手段就是货币。

货币：经济中人们经常用于向其他人购买物品与劳务的一组资产。（源自《经济学原理》）

3. 货币的种类

（1）商品货币：以有内在价值的商品为形式上的货币。比如黄金，黄金之所以有内在价值，是因为它可以用于工业和制造首饰。

小贴士

内在价值：指即使不作为货币，东西本身也有价值。

（2）法定货币也称本币，它是指不代表实质商品或货物，发行者亦没有将货币兑现为实物的义务；只依靠政府的法令使其成为合法通货的货币。

小贴士

法定货币的价值来自拥有者相信货币将来能维持其购买力。货币本身并无内在价值，也就是说，当纸币产生之后，法定货币实质上就是法律规定的可以流通的纸币。

FQ动动脑

想一想

超市的代金券和娱乐城的游戏币是货币吗？

说一说

请说出你知道的主要国家的法定货币名称。

_____

_____

_____

_____

_____

FQ超链接

世界上最美的十大纸币

世界各国由于其历史、文化的不同，在纸币的颜色、图像以及总体设计上也会千差万别。但不论哪个国家，好看的纸币总会令人心情愉快。《金钱的艺术》一书的作者大卫·斯坦迪什讲述了他所了解的最漂亮的十大纸币。

1. 法属太平洋领土（法郎）

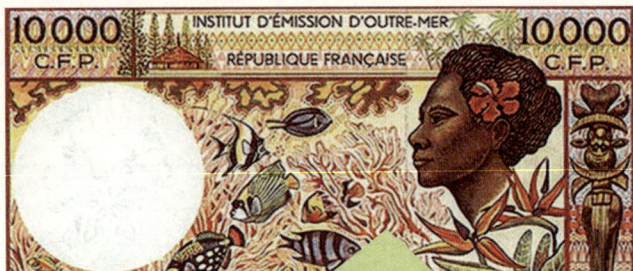

　　法属波利尼西亚、新喀里多尼亚、瓦利斯和富图纳等地，风景优美，物产丰富，这些地方的居民过着无忧无虑的生活。这种惬意的生活方式也反映到纸币的设计上，在这张法属风格10000法郎的纸币上，头戴花环的波利尼西亚少女，有着一头乌黑亮丽的秀发，夕阳的余晖洒在她的秀发上，留下了橙金色的光芒。

2. 马尔代夫共和国（拉菲亚）

　　马尔代夫共和国位于印度洋上，距离印度西南800公里。当地人主要靠捕鱼和收集椰子为生，除此之外，几乎没有其他谋生的方法。

3. 圣多美和普林西比民主共和国（多布拉）

圣多美和普林西比民主共和国位于西非近赤道海岸，纸币上的图案中有迷人的海滩和醉人的野生动植物，包括当地特有的翠鸟。纸币的正面是反对葡萄牙殖民统治的民族英雄雷·阿马多尔。

4. 瑞士（法郎）

瑞士法郎纸币图案采用竖式设计，正面图案是瑞士文化界的6位知名人士的肖像，占整个票面的一半；背面是代表他们各自成就的合成的图案。100法郎的正面是雕塑家和绘画大师阿尔贝托·贾科梅蒂的肖像，背面是贾科梅蒂的代表作：塑像《前进的人》、自传《梦·司芬克斯与T之死》插图。

5. 科摩罗（法郎）

科摩罗是位于西印度洋的一个很小的岛国，南临马达加斯加。该岛曾经是法国的殖民地，1975年独立。科摩罗于2006年发行的1000法郎纸币以精致、细腻、新颖打动了世界纸币协会的评委，成为2006年最佳纸币。这种纸币的图案非常平和，给人一种如梦似幻的感觉。

6. 新西兰(新西兰元)

新西兰元纸币上的男子是埃德蒙·希拉里爵士，他和伙伴于1953年登上珠穆朗玛峰，是成功登顶珠峰的首批探险者之一。1958年，他还领导探险队第一次经过南极横穿南极洲。

7. 库克群岛（库克群岛元）

库克群岛位于南太平洋，岛民自古以来崇拜生殖。在该国发行的纸币上印上了他们所崇拜的生殖神图腾，这在全世界纸币中是绝无仅有的。

8. 香港（港币）

港币是中华人民共和国香港特别行政区的法定流通货币。港币的设计充满了未来派的特色。

9. 冰岛（克朗）

冰岛克朗是冰岛的官方货币，纸币面额有100克朗、500克朗、1000克朗、2000克朗和5000克朗等。其中5000克朗面值纸币上的人物是拉格希尔·荣斯蒂尔（1646~1715），她曾是两位冰岛主教的妻子，还是一位著名的裁缝。

10. 法罗群岛（克朗）

法罗群岛是丹麦的一个自治领地，其纸币面值共有50克朗、100克朗、200克朗、500克朗以及1000克朗5种。其中500克朗的正面图案是一只法罗海滩上的螃蟹。

FQ笔记

想一想：货币与财富有什么区别和联系？

十四、货币的职能

流动的货币

在法国南部的一个沿海城市，旅游正进入旺季，但几场意外的大雨导致各家店铺的生意每况愈下。大多数人都背负着沉重的债务，他们的心情很不好，对生活也感到很失望。

幸运的是，有一天一家旅馆来了一位俄罗斯富翁。他要求先看一下房间，并把100欧元的订金放在了前台，然后他拿着钥匙走上楼去检查房间。旅馆老板赶忙拿着这100欧元跑到附近的熟食店，归还几日前赊欠的100欧元；熟食店老板又飞快地跑到肉铺，归还拖欠的100欧元；肉铺老板又拿着钱一路小跑，去肉食批发商那还清了几天前欠下的100欧元；肉食批发商又拿着钱去养猪人那里偿还了债务……

养猪人拿到这100欧元后，就去会他的情人。因为遭遇经济危机，养猪人和情人好久都没有机会出来聚餐了，今天可是天赐良机。碰巧，他们又是那家旅馆的常客。于是，他们来到旅馆，把100欧元递给了服务生，然后尽情地消费起来。

就在这时，那个俄罗斯富翁在查看了所有的房间后，走下楼来，表示自己并不满意房间里的设施和餐饮服务，于是收回了那100欧元的订金，然后离开了……

在这个过程中，这100欧元起到了什么作用？

货币的职能

1.交换媒介

买者在购买物品与劳务时给予卖者的东西。举个例子，当你在服装店购买一件衣服时，商店给你衣服，你给商店货币。货币从买者向卖者的转移使交易得以进行。

交易媒介强调了货币在商品交换中的流通手段及支付手段职能，解决了需求的"双重耦合"难题。

2.价值尺度

人们用来表示价格和记录债务的标准。货币在表现商品的价值并衡量商品价值量大小时，执行价值尺度职能。

3.价值储藏

人们可以用来把现在的购买力转变为未来的购买力的东西。当货币退出流通领域，被持有者当作独立的价值形态和社会财富的化身而保存起来时，执行贮藏手段职能。

想一想

你认为货币作为交换媒介更重要，还是作为价值储藏更重要?

_____

_____

_____

_____

说一说

你手中的货币是怎样流动的?

_____

_____

_____

_____

自行车引发的思考

美妞过生日的时候，爸爸送了她一辆漂亮的粉色自行车。其他小伙伴们也想拥有一辆自行车，等春暖花开的时候大家可以一起骑车去踏青。

几个月后，所有的小伙伴终于攒够了买自行车的钱。大家一起来到一家自行车专卖店。

一进商店，大家顿时被里面各式各样的自行车吸引了：原来自行车有这么多款式和颜色呢。大家看看这辆，又摸摸那辆，许久才挑选出适合自己的款式。

最终，阿宝买了一辆售价为480元的变速自行车，皮喽买了一辆售价为650元的山地自行车，阿宝则买了一辆售价为350元的普通自行车。大家各自付款给老板，老板把大家的自行车一一进行调试，而且为每辆自行车开具了售后单，告诉他们所购自行车三个月包退包换，一年保修……

清明节的时候，小伙伴们骑着各自的自行车去郊区进行了一日游。大家呼吸着清新的空气，看着路边争奇斗艳的桃花、杏花，时不时还停在路边拍照，玩得不亦乐乎。

傍晚时分，小伙伴们回到集合点，依依不舍地挥手告别。

这时，皮喽大叫一声，刚要道别的小伙伴们立刻返回，问皮喽怎么回事。

皮喽指着瘪瘪的后轮胎说："我的自行车漏气了，有可能扎钉子了。"

美妞急得不知所措："这可怎么办呢？眼看就要天黑了，皮喽不可能扛着自行车回家啊。"

一旁的阿宝冷静地说道："好像这里离咱们买自行车的那家车行不太远。当时老板说我们的自行车一年内保修的。我们应该推着皮喽的自行车去车行看看。"

大家一致同意阿宝的建议。

到了自行车行，老板检查过后告诉他们确实是皮喽的自行车轮胎被扎了，稍微修补一下就行了。在老板为皮喽修自行车的时候，大家发现车行又摆了好多新款自行车。

老板告诉大家，他最近的生意很好，上个月一共卖出去400多辆自行车，扣除房租、水电等成本，他上月纯赚8000多块钱。他已经把这笔钱存进银行，等凑够10000块的时候，再跟厂家订购一批新款自行车。

故事中体现了货币的哪几种职能？

FQ笔记

想一想：货币是如何给商品定价的？

_____

_____

_____

_____

_____

_____

_____

_____

_____

_____

十五、货币的时间价值——利率

　　周末，美妞陪着妈妈去银行办事。到了银行妈妈去大厅排号办定期存款的事情，让美妞先去缴电费。排队等着缴费的时候，美妞看到了墙上的利率表，陷入深深的思考……

　　缴完电费，美妞找到妈妈，和她一起在大厅里坐等叫号。这时，美妞似乎想起了什么，她问道："妈妈，咱家的钱存进银行里每年能得多少利息啊？"

　　"你怎么想起来问这个了？"妈妈有点疑惑不解。

　　"我刚排队的时候看到利率表了，那上面的利率也太少了吧，存一年定期只有3.5%的利率，还不如拿去买股票呢。"美妞嘟囔道。

　　妈妈被美妞逗乐了，她说："看来你的财商越来越高了，连这你都注意到了！"

　　还没等妈妈说完，美妞又说："再看看贷款利率，明显比存款利率高很多嘛，银行太坑人了。赶紧把钱都取出来吧……"

正在这时，银行的扩音器传来了叫号的声音，正是美妞妈妈的号。于是，妈妈起身去办业务，美妞双手托着下巴又思考起来……她决定第二天到学校好好问问富爸爸有关利率的问题。

富爸爸告诉你

利率，即利息率，表示一定时期内利息量与本金的比率，通常用百分比表示。利率一般按年计算，也称为年利率。

利息的计算方式

利息=本金×利率×存款期限

FQ动动脑

银行存款利率表

利率项目	年利率（%）
活期存款	0.50
三个月定期存款	3.10
六个月定期存款	3.30
一年定期存款	3.50
两年定期存款	4.40
三年定期存款	5.00
五年定期存款	5.00

银行贷款利率表

利率项目	年利率（%）
六个月以内（含六个月）	6.10
六个月至一年（含一年）	6.56
一年至三年（含三年）	6.65
三年至五年（含五年）	6.90
五年以上	7.05

算一算

请根据上面提供的存贷款利率表计算一下：

1. 假定1年内利率不发生变化，那么将100元按照活期存款的方式存入银行，1年后会得到多少利息？

_____

_____

_____

2. 假定3年内利率不发生变化，那么将500元按照定期存款的方式存入银行3年，你能获得多少利息呢？

_____

_____

_____

3. 假如你向银行借500元钱，借款时间为3年，那么3年后，你要偿还给银行多少利息？

_____

_____

_____

想一想

为什么定期存款利率要高于活期存款利率？

_____

_____

_____

FQ超链接

复利的故事

有一个爱下国际象棋的国王，他的棋艺十分高超，在他的王国里，从未有人胜过他。为了找到对手，他颁下了一个诏书，告知全国的臣民，无论是谁，只要能在下棋时赢他，他就会答应这个人的任何一个要求。

诏书发出去后，一个年轻人来到了王宫，要求与国王下棋。经过紧张激战，年轻人终于赢了国王，国王问这个年轻人想要什么奖赏，年轻人说他只要一些麦粒。

国王好奇地问："那你想要多少麦粒呢？"年轻人说道："国王陛下，请您在这张国际象棋棋盘的第一个小格内，赏给我一个麦粒，在第二个小格内给两个，第三格内给四个……照这样下去，每一小格里的麦粒都比前一小格加一倍。陛下啊，就请您把这样摆满棋盘上所有64格的麦粒，都赏给您的仆人吧！"

一边的大臣忍不住偷笑起来，心想：这个年轻人是不是脑子进水了，怎么提出这么傻的要求。国王也觉得这个要求太容易满足了，就命令给他这些麦粒。当人们把一袋又一袋的麦子搬来开始计数时，国王才发现，即使将国库中所有的粮食都给他，也不够百分之一。因为即使一粒麦子只有一克重，也需要数十万亿吨的麦子才够。从表面上看，这个年轻人的要求实在算不了什么，从一粒麦子开始，起点太低了，但经过很多次的翻倍，麦粒的数量就迅速变成一个天文数字……

想一想

读了这个故事，你悟到什么道理？

　　调查一下你身边各大银行的利率，看看各家银行的利率是否都是一样的。

_____

_____

_____

_____

_____

_____

_____

_____

_____

_____

_____

_____

_____

十六、货币的交换价值——汇率

暑假就要到了，美妞准备和爸爸一起到美国加利福尼亚州旅游，那里不仅有大峡谷国家公园和美国第三大国家公园——优胜美地国家公园，还有美妞最喜欢的迪士尼乐园，美妞早就盼着去了。临行前，美妞和爸爸一起准备出行所需的物品，发现爸爸还专门去银行兑换了一些美元，美妞好奇地拿着美元左看右看。

爸爸一边整理行李箱一边说："在美国，是不能直接用人民币消费的，如果想买一些纪念品，就必须用美元。美元对于我们来说就是外币。外币也不可以在我国直接使用，要到指定的地方（比如银行）兑换成人民币才可以使用。等你长大了也许会经常出国旅游、购物或学习，有可能经常用到外汇。"那"外汇"是什么呢？美妞有些疑惑了，她觉得自己有必要掌握一些外汇知识。

1. 除了美元以外，你还知道哪些国家的货币？
2. 你知道这些外币之间是如何换算的吗？

小贴士

外币与外汇的区别

外币与外汇是两个既互相联系、又有区别的概念。首先，外汇包括外币，但外汇不等于外币。并不是所有的外国货币都能成为外汇，只有那些被各国普遍使用和接受的外币才能成为外汇，并且这种外币资产能得到偿付，也能自由兑换成本币资产。

外汇是用外币来表示的用于国与国之间结算的支付手段。由于国与国之间的商品交换频繁进行，又没有统一发行的国际货币，于是就需要将各国一定量的货币单位折合成外汇。

当前，在国际市场上用于国际结算的主要外汇币种是美元、英镑、欧元、日元等。

使用外汇时，必须要了解汇率。汇率，又称汇价，通常是一个国家的货币折算成另一个国家货币的比率。我国通常采用100单位外币作为标准，折算为一定数量的人民币。

如果用100单位外币能兑换更多的人民币，说明外币的汇率升高，外币升值；反之，则说明外币汇率降低，外币贬值。如果100单位人民币能兑换更多的外币，说明人民币汇率升高，人民币升值；反之，人民币汇率降低，人民币贬值。

FQ动动脑

想一想

1. 什么是现汇买入价?

_____

_____

2. 什么是现汇卖出价?

_____

_____

3. 什么是现钞买入价?

_____

_____

4. 什么是现钞卖出价?

_____

_____

算一算

根据下面的外汇牌价算一算100元人民币能换到多少美元、多少欧元、多少英镑、多少日元?

币　种	交易单位	人民币（元）
外汇牌价		
美元(USD)	100	640
欧元(EUR)	100	710
英镑(GBP)	100	960
日元(JPY)	100	5.5

等于_____日元

等于_____英镑

等于_____美元

等于_____欧元

免费的啤酒

　　故事发生在美国和墨西哥边境的两个小镇上。一名游客在墨西哥的小镇上用0.1比索买了一杯啤酒，他付了1比索，找回0.9比索。等他越过国境线来到美国小镇上时，发现美元和比索的汇率是1美元：0.9比索。他用剩下的0.9比索兑换了1美元，又用0.1美元买了一杯啤酒，找回0.9美元。等他再次回到墨西哥的小镇上时，他发现比索和美元的汇率变成了1比索：0.9美元。于是，他用这0.9美元换到了1比索，又买啤酒喝，这样他在两个小镇上来回穿梭着买啤酒喝，却总是有1美元或1比索——他一直在喝着免费的啤酒。

这位游客为什么总能喝上免费的啤酒？

FQ笔记

1. 和爸爸妈妈一起做个小调查：1斤苹果在我国卖5元人民币，那么按照当前的汇率计算，1斤苹果在美国、英国各卖多少钱？

2. 和爸爸妈妈一起去银行的营业厅，观察一下人民币外汇牌价。

十七、货币政策

存贷款利率下调了

　　一天，阿宝正在客厅看报纸，他看到这样一则消息："中国人民银行决定，自2012年6月8日起下调金融机构人民币存贷款基准利率。金融机构一年期存款基准利率下调0.25个百分点，一年期贷款基准利率下调0.25个百分点；其他各档次存贷款基准利率及个人住房公积金存贷款利率相应调整。"看完后，阿宝忽然想起美妞前两天跟他说起的在银行存款不划算的事情来。正在这时，阿宝听见皮喽在楼下叫他："阿宝，快下来，我们一起去踢球。快点啊……"阿宝一边答应着，一边穿好了衣服冲出门去。

　　见到皮喽，阿宝说起了刚才在报纸上看到的消息，皮喽激动地说："利率政策是货币政策工具之一。""物价上涨得这么快，银行的存款本来就赶不上通货膨胀了，国家为什么还要下调存款利率呢？"阿宝挠挠头，一脸的困惑。皮喽见状拉着阿宝就往前走，一边走，一边说："好了，别想了，先踢球，明天咱们见了富爸爸再问他吧！"

富爸爸告诉你

1. 货币政策

它是指政府或中央银行为影响经济活动所采取的措施，尤指控制货币供给以及调控利率的各项措施，用以达到特定目标或维持政策目标，比如，抑制通货膨胀、实现完全就业或经济增长。

2. 货币政策的作用

（1）调控作用

● 通过调控货币供应总量保持社会总供给与总需求的平衡。

● 通过调控利率和货币总量控制通货膨胀，保持物价总水平的稳定。

● 调节国民收入中消费与储蓄的比例。

● 引导储蓄向投资的转化并实现资源的合理配置。

（2）货币政策的运作

从紧的货币政策：

其主要政策手段是：减少货币供应量，提高利率，加强信贷控制。如果市场物价上涨，需求过度，经济过度繁荣，被认为是社会总需求大于总供给，中央银行就会采取紧缩货币的政策以减少需求。

宽松的货币政策：

其主要政策手段是：增加货币供应量，降低利率，放松信贷控制。如果市场产品销售不畅，经济运转困难，资金短缺，设备闲置，被认为是社会总需求小于总供给，中央银行则会采取扩大货币供应的办法以增加总需求。

FQ动动脑

想一想

1. 发生通货膨胀时，国家会采取哪种货币政策？为什么？

_____

_____

2. 发生通货紧缩时，国家会采取哪种货币政策？为什么？

_____

_____

_____

_____

说一说

采取适当的货币政策有什么好处？

_____

_____

_____

_____

_____

_____

_____

_____

一个财政赤字和货币政策的故事

有个人在一家银行工作，每月收入5000元，同时，他有一张该行的信用卡，透支额度也是5000元。当他开始通过透支信用卡的方式来消费的时候，他第一个月的生活品质明显高于不透支的时候，这时他向周围的人宣称他的生活品质比之前提高了很多。到了第二个月，他的工资收入比上个月略有增长，于是他希望自己的生活品质能够继续提高，这就意味着他这个月的消费会比上个月更多。然而，他使用的信用卡已经透支了，这时他应该向银行还款。怎么办呢？他想了想，就去找银行申请增加其信用度，使其信用卡的透支额度增加至12000元，他用其中的5000元归还了上个月的欠款，又把剩下的7000元用于继续提高其生活品质。接下来的几个月中，他每月都逐步扩大自己借贷的规模，同样也是用其中的一部分归还上个月的欠款，然后用剩下的钱继续提高生活品质。这样一来，不了解他的个人财务状况的人都会惊叹于他生活品质提高的速度之快，并感叹这真是一个奇迹。

或许你会说，哪有这么傻的银行会这么做？但是银行也有自己的想法，银行计算这个人从现在开始到他退休将要发给他多少工资，而工资将会以多大的比例上升，只要他负债额度小于他未来收入的总和就没有问题。

　　随着时间的推移，问题就出来了，随着他每月的消费额度越来越高，竟然造成了社会的通货膨胀（这可能吗？）。于是，他要求银行给他涨工资，这个工资的涨幅是在银行计划之外的，但他要求加薪的理由是："我通过透支信用卡消费，有助于提升银行信用卡部门的业绩。"不管你信不信，反正他的话银行就是信了。

　　于是出现了这么一个奇怪的现象。银行的这位员工除了每个月在银行领着工资之外，还以提升银行信用卡部门的效益为理由要求银行加薪，于是，他每月的收入增长速度远高于银行的收益增长水平。同时，他的负债规模也越来越大，而银行每月都给他更大的贷款额度，让他在归还了欠款之后仍然有足够的资金去提升自己的生活品质。

　　他这种做法，实际上是在提前透支工资，和银行直接发巨额工资给他没有区别。

　　不管怎样，他就这么做了，还持续了很多年，而这些年来在不考虑他的资产负债表的情况下，他的生活品质确实一直在提升，这让无数的上班族羡慕不已。

　　可是，当有一天，银行扛不住了，要破产了，怎么办？

　　殊不知这名员工有个亲兄弟，他的这个兄弟是印钞厂的厂长。于是，为了维持他的生活，他的兄弟下令印钞厂开动印钞机，疯狂印钞票，把这些钱发给银行，银行的账面上的钱多了也就不在乎了，那之前的模式就继续吧。只是，在他第一次透支信用卡之前，大米5毛钱一斤，而银行有1亿的资产。在他兄弟开动印钞机之后，大米涨到了5元一斤，银行的资产也上升到了2亿。年底了，银行开年会，行长兴奋地说："热烈庆祝我行资产由1亿元上升至2亿元，在此，我们要感谢我们的忠诚的员工为我行作出的贡献。"

从这个故事中，你得出了什么启发？

FQ笔记

从网络或报刊上搜集央行最近1年来实施的一系列货币政策，并分析央行实施这些政策的背景。

_____

_____

_____

_____

_____

_____

_____

_____

_____

_____

_____

_____

_____

_____

_____

十八、货币——生活的必需品

　　放学后，美妞、阿宝、皮喽、咕一郎一起来到皮喽家做作业。因为是刚放学，他们几个决定先看会儿电视，放松一下，等吃了晚饭后再开始写作业。皮喽的妈妈则在厨房里给他们准备晚餐，正要炒菜的时候，她发现煤气打不着了，原来是没有煤气了。皮喽的妈妈赶忙叫来皮喽，对他说："皮喽，你好好招待你的小朋友，妈妈去买点煤气。"皮喽应了一声，送妈妈到大门口。

　　阿宝他们几个见状，也把电视关了，准备开始写作业。皮喽边从书包里拿书和作业本边说："本来想等吃完饭再写作业的，这下只能先饿着肚子写作业了。"美妞说："不着急，等会你妈妈回来了，就可以做饭了呀。"咕一郎想了想说："还是古时候好，不用煤气，直接用木柴就可以做饭了，还省钱了呢。"这时，阿宝问道："你们说，要是没有钱，我们会怎么样？"

　　皮喽抢着说："没有钱，社会就没法发展下去了，我们也许会回到原始社会吧？"美妞说：

"没有钱，我们的国家就会被别的国家欺负，老师说过，落后就会挨打。"咕一郎说："那样，我们就会饿死的。"美妞瞪了咕一郎一眼，说道："你怎么就知道吃啊？"咕一郎反驳道："不吃怎么活啊，我们的衣食住行不都要用到钱吗？"阿宝见状，赶忙劝解道："大家说得都没错，钱对我们是很重要，我们的生存、发展都离不开钱。"

正说着，皮喽妈妈回来了，这下就不用饿着肚子写作业了，大家高兴地欢呼起来！

富爸爸告诉你

货币与我们的日常生活紧密相连，我们穿的衣服、吃的水果、用的文具，绝大多数都是用钱换回来的。没有钱，就很难维持生计。钱是一种标记，可以使我们融入社会，并且能在社会中生存。它是人与人之间的重要纽带，是帮助我们理解以及维持社会经济正常运转的重要工具之一。

FQ动动脑

想一想

你觉得钱在你的生活中重要吗？为什么？

_____

_____

_____

_____

说一说

如果没有钱，世界会变成什么样子？

_____

_____

_____

_____

电子货币知多少

电子货币是一种信息货币。电子货币说到底不过是观念化的货币信息，它实际上是由一组含有用户的身份、密码、金额、使用范围等内容的数据构成的特殊信息，因此也可以称其为数字货币。人们使用电子货币交易时，实际上交换的是相关信息，这些信息传输到开设这种业务的商家后，交易双方进行结算，要比现实银行系统的方式更省钱、更方便、更快捷。

电子货币可以分为以下几种：

一、储值卡

概念：是指某一行业或公司发行的可代替现金用的IC卡或磁卡。如电话充值卡神州行等。

二、信用卡

1.概念：是银行或专门的发行公司发给消费者使用的一种信用凭证，是一种把支付与信贷两项银行基本功能融为一体的业务。

2.特点：同时具备信贷与支付两种功能。

三、电子支票

1.概念：是一种电子货币支付方法，其主要特点是，通过计算机通信网络安全移动存款以完成结算。

2.使用过程：无论个人或企业，负有债务的一方，签发支票或其他票据，交给有债权的一方，以结清债务，约定的日期到来时，持票人将该票据原件提交给付款人，即可领取到现金。

四、电子货币

1.概念：是一种表示现金的加密序列数，它可以用来表示现实中各种金额的币值。随着基于纸张的经济向数字经济的转变，电子现金将成为主流。

2.特点：匿名性、节省交易费用、节省传输费用、持有风险小、支付灵活方便、防伪造及防重复性、不可跟踪性。

3.种类：一种是基于Internet网络环境使用的且将代表货币价值的二进制数据保管在微机终端硬盘内的电子现金；一种是将货币价值保存在IC卡内并可脱离银行支付系统流通的电子钱包。

五、电子钱包

概念：电子钱包是电子商务活动中网上购物顾客常用的一种支付工具，是在小额购物或购买小商品时常用的新式钱包。

使用电子钱包的顾客通常在银行里都是有账户的。

在使用电子钱包时，将有关的应用软件安装到电子商务服务器上，利用电子钱包服务系统就可以把自己在电子货币或电子金融卡上的数据输入进去。在进行付款时，如果顾客要用电子信用卡付款，例如用Visa卡或者Mastercard卡等收付款时，顾客只要单击一下相应项目或相应图标即可完成，人们常将这种支付方式称为单击式或电击式支付方式。

FQ笔记

试着过一周一分钱也不花的日子，体会货币（钱）在日常生活中的重要性。

_____

_____

_____

_____

_____

_____

十九、货币与财富

钱和财富

一个周末，阿宝、美妞、皮喽和咕一郎一起去公园玩《富爸爸现金流游戏》。和往常一样，大家还是一起讨论了上周有关财商方面的问题。这个周末轮到阿宝做银行家了，所以讨论会也由他来主持。

"大家还记得那天我们在皮喽家写作业时讨论到的有关钱的问题吗？"阿宝问道。

大家都点了点头。

"那好，今天我们讨论的主题是更深一层的关于钱的问题。"阿宝笑着说道，"我们之前学过钱是通过劳动创造出来的。我们的爸爸妈妈之所以有工资，是因为他们通过自己的劳动为社会创造了财富。那么，在这个过程中，钱是不是就等同于财富呢？"

"钱当然不能等于财富了。"皮喽想也没想就脱口而出。

"我也觉得钱不能等于财富，因为在这个过程中，爸爸妈妈是付出劳动获得的钱，这跟财富没有直接的关系。"美妞附和道。

"不对不对，钱当然等于财富了，经常听到人们说谁谁家有很多钱，不就是说有很多财富嘛……"咕一郎摇了摇头，提出了不同意见。

"首先，可以肯定的是钱不等于财富。那么，它是大于财富还是小于财富呢？这个很难说。我们的爸爸妈妈通过自己的劳动确实为社会创造了大于他们所获得的钱的财富，这时候这些钱是小于财富的；可是我们平时通过自己的劳动获得的零花钱好像并没有创造出跟钱等值的财富，这时候我们得到的这些零花钱又大于财富。要是这样说，好像钱一会儿是大于财富的，一会儿又是小于财富的。这个问题真奇怪啊！"说着说着，阿宝把自己都绕进去了，一时间也找不到答案。

皮喽看了看手表说："我觉得我们还是先玩游戏吧，问题先讨论到这儿，回头我们可以去问问富爸爸。"

美妞急着想把问题弄明白，她反对说："问题还没讨论完呢，我还在想《富爸爸现金流游戏》中的现金流算不算财富呢！"美妞又提出了新的问题。

几个小伙伴又一次陷入了思考中……

什么是财富呢？钱和财富到底有什么关系？

富爸爸告诉你

在日常生活中，"钱"这个词其实是在不同意义上使用的，并不都指货币。例如，我们说某某家很有"钱"，这里所说的钱其实是指财富。当我们说买东西要付"钱"，这个时候所说的"钱"才是货币。

1. 财富的定义：指的是一切有价值的东西。

2. 财富的分类：它包括自然财富、物质财富和精神财富。自然财富就是我们所享受到的大自然的一切；物质财富是能够在物质上满足各种生产、生活需要的物品；精神财富是能让你愉悦的东西。

3. 货币和财富的关系：货币不等于财富，它只是财富的一种表现形式。财富还有很多很多，它有时有形、有时无形；有时是物质的、有时是精神的……

比如，比尔·盖茨在取得了巨大的财富之后，他把绝大部分的钱回馈给了社会，还设立了基金，帮助了许多人！他仍然在追求财富！但已不再是金钱！

所以说一个人追逐的财富不仅仅是钱，还应该包括很多其他的东西！

FQ动动脑

想一想

1. 所有的财富都可以流通吗?

_____

_____

2. 现金流是财富吗? 为什么?

_____

_____

3. 所有流通的财富都可以量化吗?

_____

_____

写一写

举例说明自然财富、物质财富和精神财富。

自然财富:

物质财富:

精神财富:

填一填

把你现在拥有的和你想拥有的财富写在下面的表格里。

我的财富	
我现在拥有的财富	我想拥有的财富

FQ超链接

双赢"财富"

几年前，约翰在阿富汗出差。

有一天，他发现前方有个小贩手上拿着挂毯叫卖："1200阿富汗尼！"约翰对挂毯并不感兴趣。于是，他继续向前走。

"大减价，1000阿富汗尼啦。"

约翰转身离去时，小贩的脚步声居然伴随他左右。"800阿富汗尼,只要800阿富汗尼。"

为了摆脱小贩的纠缠,约翰开始大步向前跑,但是小贩却紧跟着他不放,而且要价已经下跌到600阿富汗尼了。当约翰通过十字路口,以为自己已经甩掉了那个纠缠不休的小贩时,却又听到了小贩的脚步声和熟悉的叫卖声:"先生,先生,400阿富汗尼。"这时汗流浃背的约翰对小贩厌烦无比,于是他咬牙切齿地说道:"告诉你,我绝对不会买你的挂毯,别再跟着我!"

"好吧,算你赢了。"满脸是汗的小贩回答道,"只卖你200阿富汗尼。"

"你说什么?"

"200阿富汗尼。"小贩重复道。

"好吧!让我看看你的挂毯。"

这样,约翰买下了自己根本不需要的挂毯,并把它带回了住处,还向房东炫耀自己只花了200阿富汗尼。

谁知,房东鄙夷地说:"你上当了,这个只要100阿富汗尼。"

约翰本来不需要挂毯,只是那个小贩完美的降价过程使他的心理得到了满足。小贩是聪明的,他得到了自己想要的,同时也满足了对方的需求。

FQ笔记

想一想：怎样利用货币创造更多的财富？

图书在版编目（CIP）数据

市场是一只看不见的手 / 财商教育编写中心编. – 成都：四川人民出版社，2017.1
（金钥匙系列）
ISBN 978-7-220-09837-6

Ⅰ.①市… Ⅱ.①财… Ⅲ.①市场学—儿童读物

Ⅳ.①F713.50-49

中国版本图书馆 CIP 数据核字 (2016) 第 130492 号

SHICHANG SHI YIZHI KANBUJIAN DE SHOU

市场是一只看不见的手

财商教育编写中心 编

责任编辑	吴焕姣　薛玉茹
特约编辑	张 芹
封面设计	朱 红
责任校对	蓝 海
版式设计	乐阅文化
责任印制	聂 敏

出版发行	四川人民出版社 （成都槐树街 2 号）
网 址	http://www.scpph.com
E-mail	scrmcbs@sina.com
新浪微博	@ 四川人民出版社
微信公众号	四川人民出版社
发行部业务电话	（028）86259624　86259453
防盗版举报电话	（028）86259624
照 排	北京乐阅文化有限责任公司
印 刷	三河市三佳印刷装订有限公司
成品尺寸	190mm × 247mm
印 张	10.25
字 数	150千字
版 次	2017 年 1 月第 1 版
印 次	2017 年 1 月第 1 次印刷
书 号	ISBN 978-7-220-09837-6
定 价	39.80 元

经济学家和教育专家共同打造的
少儿财商教育金钥匙系列

　　本套"金钥匙"财商教育系列以充满智慧的富爸爸、爱思考的阿宝、爱美的美妞、调皮好动的皮喽等卡通形象为主人公，结合国内外财商教育的丰富经验，将知识性、趣味性、实践性融为一体，让孩子们在一册书中能够在观念、知识、实践三个方面得到全方位的锻炼。

金钥匙·儿童财商系列

第1阶段：走进神奇的财商大门
第2阶段：探究金钱语言ABC
第3阶段：与金钱约会的好习惯
第4阶段：我有一个财富梦想

金钥匙·青少年财商系列

第1阶段：体验奇妙的经济世界
第2阶段：市场是一只看不见的手
第3阶段：你应该知道的10种创富工具